Leandro de Oliveira

GESTÃO de PRICING

Precificação Estratégica & Rentabilidade

Ano 2021

Copyright ©2021 by Poligrafia Editora
Todos os direitos reservados.
Este livro não pode ser reproduzido sem autorização.

GESTÃO DE PRICING
Precificação Estratégica & Rentabilidade
ISBN 978-65-5854-270-4

Autor: **Leandro de Oliveira**
Coordenação Editorial: Marlucy Lukianocenko
Projeto Gráfico e Diagramação: Cida Rocha
Revisão: Fátima Caroline P. de A. Ribeiro
Foto do Autor: Aline Coelho

```
        Dados Internacionais de Catalogação na Publicação (CIP)
                       Lumos Assessoria Editorial
              Bibliotecária: Priscila Pena Machado CRB-7/6971

    048    Oliveira, Leandro.
              Gestão de pricing : precificação estratégica &
           rentabilidade / Leandro de Oliveira. — 1. ed. — Cotia :
           Poligrafia, 2021.
              146 p. ; 21 cm. — (Coleção Varejo em Foco ; 6).

              Inclui bibliografia.
              ISBN 978-65-5854-264-3 (coleção)
              ISBN 978-65-5854-270-4

              1. Administração financeira. 2. Preços - Determinação.
           3. Contabilidade de custo. 4. Segmentação de mercado.
           5. Inteligência competitiva (Administração). I. Título.

                                                          CDD 658.816
```

Poligrafia Editora
www.poligrafiaeditora.com.br
E-mail: poligrafia@poligrafiaeditora.com.br
Rua Maceió, 43 – Cotia – São Paulo
Fone: 11 4243-1431 / 11 99159-2673

A editora não se responsabiliza pelo conteúdo da obra, formulada exclusivamente pelo autor.

O Preço é o único elemento do mix de marketing que produz receita, sendo também um dos elementos mais flexíveis. Pode ser alterado com rapidez, ao contrário das características de Produto, dos compromissos com Canais de Distribuição e até das Promoções. O Preço informa ao mercado o Posicionamento de Valor pretendido pela empresa para seu produto ou marca. Um produto bem desenhado e comercializado pode determinar um preço superior e obter alto lucro

Kotler/Keller

Dedicatória

Eu dedico esta obra a você, caro leitor.

2020 foi responsável por mudanças drásticas nos modelos de vida, trabalho, gestão e precificação em todo o mundo; adaptar-se foi algo inevitável e nem sempre fácil. Preocupo-me quando ouço falar deste "Novo Normal", não pela questão do novo, que é algo muito bacana e realmente deve acontecer a todo momento, mas sim pela referência a uma estabilidade anterior à pandemia, que já não existia. Nós já estávamos em transformação e essa só foi ainda mais acelerada a partir de agora. Mudanças que levariam décadas aconteceram em meses. A junção do Físico com o Digital, "Figital", já era algo previsto há anos, mas, de repente, chegou de vez, já está aí – e isso traz uma necessidade imediata e ainda maior de estratégias de precificação integrada, inteligente e dinâmica.

Tivemos que evoluir rapidamente, não somente no aspecto tecnológico, mas na revisão de valores, prioridades, hábitos e estratégias. Algumas mudanças mais profundas moldaram e transformaram a realidade ao nosso redor.

É certo que o mundo pós-pandemia será diferente; aliás, já é. Fico feliz por que você será uma das pessoas preparadas para esse novo cenário. Você não faz parte daqueles que buscam manter o *status quo*[1] de 2019. Aquele mundo de antes do coronavírus não existe e não vai existir nunca mais. Contudo, uma série de oportunidades estão aí. A pandemia nos trouxe muitos limites, mas, ao mesmo tempo, quebrou uma série de barreiras, paradigmas e paradoxos.

O isolamento social impôs novas condições, hábitos, formas de consumo e rotinas financeiras; a perda de rendimento afetou uma parcela considerável da população. Boa parte desses novos hábitos, seja por necessidade ou aprendizado, trouxe mudanças no estilo de vida que permanecerão. Experimentamos aumentos de preços de forma que há tempos já não víamos, desafios pela morte concreta, assim como o luto simbólico por perdas

---

[1] Condição que permanece antes de qualquer alteração

expressivas e significativas que, somados, ainda, à crise financeira, segundo registros do Banco Mundial, causaram a maior retração econômica em 90 anos. As dinâmicas da pobreza são de longo prazo, com acentuada preocupação com os países emergentes, destacando-se os da América Latina[2].

As pessoas buscaram economizar mais e rever hábitos de consumo, mas, de forma positiva, descobriram também novos formatos, negócios e oportunidades. Muitas prioridades mudaram, os gastos com itens não tão necessários foram substituídos por itens básicos, como alimentação, produtos de higiene e necessidade básica; com tudo isso, o preço, que já tinha um papel essencial, passa a ser protagonista de novos tempos, observado de forma ainda mais atenta. A ideia de que "menos é mais" guiará novos padrões de consumo e a precificação estratégica, que já era algo importante, passa a ser primordial para alcançar os resultados e trazer rentabilidade para o negócio, em especial diante de um cenário cada vez mais competitivo.

A partir de seu interesse nesta leitura, vejo que você faz parte daqueles que entendem todo esse novo contexto e a importância de se preparar melhor. Em um mundo em constante transformação (V.U.C.A.), atualizar seus conhecimentos é uma questão de sobrevivência de mercado. Aliás, diante deste cenário o acrônimo VUCA também está se transformando, para o BANI (o que será abordado à frente). Garantir a competividade e a rentabilidade, assim como a saúde financeira de seu negócio, sem uma precificação estratégica, será algo praticamente impossível. Sendo assim, vamos lá.

Boa leitura e sucesso nestes novos tempos!

Não tenha medo da mudança,
ela é uma certeza constante em sua vida

---

2   Fonte: <https://brasil.elpais.com/economia/2020-10-12/esta-crise-tem-que--ser-vista-como-uma-depressao-economica-a-duvida-e-quanto-vai-durar.html>. Acesso em: 21 fev. 2021

Agradecimentos

Agradeço a Deus por ter colocado em minha vida pessoas tão especiais, que muito contribuíram tanto para o meu desenvolvimento e aprendizado, quanto para a realização desta obra. De forma especial a Fátima Merlin e Marlucy Lukianocenko pelo convite e confiança em compor junto a um time dos mais renomados e principais especialistas em suas áreas, esta fantástica coleção de livros "Varejo em Foco".

Um agradecimento especial ao Frederic Zornig, que não só gentilmente topou de imediato escrever o prefácio, mas foi o precursor desta minha jornada, responsável por me inspirar numa palestra da Apas a 10 anos atrás, quando além de Gerenciamento de Categorias eu assumia a área de *Pricing* e fazia pouquíssima ideia do que se tratava. Muito tem me apoiado nesta caminha e trata-se das maiores referências que temos no assunto, não somente aqui no Brasil, mas por aí a fora. Agradeço ainda ao Dirceu Netto, meu diretor na ocasião e ainda um grande amigo, mais do que me meter nesta enrascada acreditou em meu potencial para tamanho desafio. Gratidão eterna a cada um de meus gestores, líderes e pares que me direcionaram, apoiaram, acreditaram e ajudaram muito na construção de minha carreira e profissional que me tornei.

Agradeço de forma muito carinhosa as equipes sensacionais que tive até aqui, alunos e mentorados. Não haveria palavras que pudessem descrever minha gratidão. Vocês são os responsáveis em me ajudar a descobrir mais do que minha paixão, meu propósito de vida: Compartilhar meu conhecimento, ajudando as pessoas a melhorar seus resultados e transformando vidas.

Agradeço ao Tiago e Marcelo da Quantiz Consultoria, que contribuíram para um dos tópicos mais relevantes. Como apaixonado pelo varejo, tenho a humildade em dizer que conheço muito pouco do assunto: **Estratégias de *Pricing* para a Indústria**, mais **Aplicação do DMAIC e Formação CPP**.

Gratidão ainda a Paulo Fernandes (InfoPrice) e Fernando Menezes (Pesquisejá), pela contribuição, para um tópico também muito importante: Soluções de Precificação.

Enfim, agradeço a Cris, minha esposa, que tem sido uma grande parceira em cada de nossos projetos, acreditando sempre, até mais do que eu em alguns momentos, sem a qual nada disto teria sido possível.

Agradeço a Amanda pela paciência dos finais de semana que o papai teve que ficar um pouco mais ausente e dedicado a este projeto, mas valeu muito a pena.

Sobre o Autor

Consultor, professor, palestrante e *coach* de negócios com PNL (Ápice). Há mais de 22 anos, Leandro Oliveira apoia negócios e pessoas a superar seus desafios, metas e expectativas dos clientes, atuando nas áreas de *Pricing*, Inteligência Comercial e Gerenciamento por Categorias. Bacharel em Administração de Empresas (UniFMU), com Pós-graduação em Marketing de Varejo (Senac), MBA em Gestão de Negócios (FGV) e MBA em Varejo e Mercado de Consumo (Pecege Esalq/USP).

Tem certificação pela *Professional Pricing Society (Certified Pricing Professional*, CPP). É especialista em Pricing, com passagens pelas principais redes do Brasil (GPA, Carrefour, Roldão, Lopes, Enxuto e Assaí) e em todos os formatos de lojas (Atacado, Hiper, Super, Mini Mercado e até o formato *container* - Enxuto Aqui), tendo atuado também no exterior.

Palestrando sobre *pricing* em eventos como Apas (2019), Feicon (2018) e em *Webinars*. Ministrando um curso de 12 horas sobre o mesmo tema na Sincomavi – Escola de Negócios, o autor encontrou propósito em compartilhar seu conhecimento, ajudando as pessoas e negócios a alcançar melhores resultados. Está sempre em busca de aprender mais e mais e é um apaixonado por pessoas, varejo, precificação estratégica, rentabilidade e competitividade.

Leandro Oliveira é apaixonado pela família, esposa e filha. Se fosse possível resumir em duas palavras sua personalidade, estas seriam: gratidão e humildade.

Prefácio

Frederico Zornig*

Aceitei o convite de escrever o prefácio deste livro do Leandro Oliveira movido por uma das exigências da visão que temos na Quantiz, a empresa que fundei em 2006, que é universalizar a gestão estratégica de preços. Conheci o Leandro em um evento da Apas, há praticamente dez anos, e desde lá temos mantido contato e trocas de experiências na área em que escolhemos trabalhar: Precificação.

Não poderia, aqui, me pronunciar sem me referir ao pouco conteúdo que existe sobre o tema Gestão de Preços na literatura técnica, em especial em Língua Portuguesa. Portanto, Leandro ter tido a inspiração e a dedicação de reunir alguns dos melhores profissionais da área para contribuir com este livro é algo merecedor de elogio e reconhecimento.

As ideias apresentadas nesta obra resgatam, de forma atualizada e leve, os principais conceitos e as melhores práticas da gestão de preços da atualidade. O cotidiano e as atividades dos profissionais de *pricing*, no dia a dia de suas atribuições, também são relatados.

A obra é bastante rica ao ilustrar, com exemplos práticos, alguns dos principais conceitos da gestão de preços. Além disso, participaram do projeto profissionais renomados da área. Como em qualquer conhecimento, temos que perseguir de forma permanente e avançar o que já é sabido, com uma postura curiosa e aberta para novas ideias.

Toda vez que me deparo com um novo livro, pressuponho que posso precisar romper com concepções e práticas a que estou acostumado e convido o leitor ou a leitora a fazer o mesmo. A competência técnico-científica é necessária para os profissionais dos dias de hoje. Essa postura de buscar novos saberes ajuda a construir a disciplina de *pricing* e qualquer outra, com base em abordagens validadas pela ciência e pela prática.

Neste contexto atual de mudanças cada vez mais rápidas, nada mais natural que estejamos em busca de atualização e de conhecimento. Nesse sentido, é impossível não ressaltar o profundo conteúdo apresentado nesta obra.

A realidade mostrada por Leandro e pelos demais autores conversa com profundidade com todos aqueles que quiserem entender como a gestão de preços pode melhorar o desempenho organizacional. Tudo isso sem abrir mão da seriedade e da simplicidade inerentes ao saber pela competência.

*Sócio-fundador e CEO da
Quantiz Pricing Solutions

Sumário

Introdução	15
Capítulo 1 **Desmistificando o** *Pricing*	27
Capítulo 2 **Posicionamento**	33
Capítulo 3 **Quanto o** *pricing* **contribui para a área comercial?**	39
Capítulo 4 **Preço e ponto de venda:** *pricing* **e GC**	45
Capítulo 5 **Como conceder menos descontos: precificação baseada em valor**	53
Capítulo 6 **Mercado, concorrência e competidores**	87
Capítulo 7 **Precificação estratégica**	93
Capítulo 8 **Formação de preço de venda**	107
Capítulo 9 **Soluções de precificação**	117
Artigos	
Metodologia DMAIC aplicada em *pricing*	118
Fazendo *pricing* nas indústrias	124
Certificação de *Pricing*	129
Inteligência e tecnologia de preços - Infoprice	130
Pesquise Já!	136
Capítulo 10 **Considerações finais: e a partir de agora?**	141

Introdução

É cada vez mais evidente que, muito em breve, não teremos mais espaço para empresas que não estejam com suas estratégias centradas no consumidor, e ser centrado no consumidor não pode ser fazer, simplesmente, um jornal promocional ou ter um único formato de ofertas para todo mundo, achando que todo mundo é igual, consome os mesmos produtos, tem a mesma disponibilidade/o mesmo interesse de desembolso ou, sendo mais preciso, está no mesmo momento (jornada de compra). É preciso ter propósito, clareza na comunicação de valor e, sobretudo, conhecer o cliente para que, finalmente, possamos atender/superar sua expectativa, inclusive no preço certo.

Garantindo que o preço na etiqueta seja atraente para o consumidor, lucrativo para varejista e competitivo diante da concorrência.

Ganhar ou Perder está acontecendo de forma cada vez mais acelerada. Sem uma precificação estratégica e assertiva, onde você imagina que estará seu negócio em 2 anos? Ou melhor, será que aguenta até lá?

Qualquer profissional que trabalhe com bens de consumo, serviço ou produção tem a necessidade de conhecer sobre precificação de um produto ou serviço. Somos, em nossa essência, vendedores. Até mesmo se você não estiver atuando em nenhum desses três segmentos, certamente, em algum momento, estará vendendo suas ideias, seus conceitos, seu produto ou consultoria, de alguma maneira. Não deixam de ser importantes os conceitos que abordaremos nesta leitura:

- A importância de conhecer seu cliente, colocá-lo no centro das tomadas de decisões (#shoppercracia) e superar suas expectativas (cada vez mais difícil);
- Oferecer uma precificação baseada em valor (cada vez mais essencial);
- Ser competitivo perante um mercado cada vez mais complicado (V.U.C.A.) e agora BANI (saiba mais no final desta introdução);
- Trazer mais lucro e rentabilidade para o negócio (tá fácil, né?).

É claro que o preço é um dos atributos mais relevantes em qualquer negócio, mas não faz sentido algum trazer o nosso consumidor para ser refém exclusivamente do preço, estratégia na qual dificilmente poderíamos fidelizá-lo, enquanto deveríamos, sim oferecer uma experiência de compras diferenciada, uma uma precificação baseada em valor e, a partir daí, sim, aumentar o preço, assim como a rentabilidade e, ainda por cima, quem diria, chegar à fidelização.

E por que uma precificação baseada em valor? Porque, se você quer ter resultados diferentes da maioria, não faz qualquer sentido fazer somente o que todos estão fazendo!

Embora este seja um livro técnico, sua linguagem simples busca aproximar do leitor aspectos especialistas ou profissionais das visões do dia a dia, da forma mais simples possível. Afinal de contas, seja qual for seu negócio, vender é algo essencial e nem sempre é fácil; estar com o preço adequado é uma das premissas mais básicas para conseguir fazê-lo, especialmente se busca conseguir vender obtendo o máximo de rentabilidade. Afinal de contas, vender mais baixando o preço é algo fácil, qualquer criança faz. Opa, quer dizer, isso já não é mais tão fácil hoje em dia, afinal de contas, quase sempre o preço já está no limite ou, pior que isso, você vai descobrir e aprender o quanto já abaixou seu preço de forma errada e ainda não trouxe resultado algum com isso.

Já aumentar os preços, trazer mais rentabilidade, sobretudo mantendo o encanto e a fidelidade (sim, ela ainda existe) de seus clientes é algo para poucos – a partir daqui, será para você também. Você irá aprender segredos, técnicas e estratégias, basta um pouco de disciplina e dedicação.

Preço é o resultado de Custo, Despesa e Margem, algo simples. Mais do que de Preço, vamos falar de Valor. A Precificação Baseada em Valor leva muito mais em consideração a situação e a visão do cliente do que os atributos internos da empresa, como os custos de produção. A grande diferenciação desse modelo é ter como objetivo estratégias para aumentar seus ganhos, buscando o quanto seu cliente está disposto a pagar ao invés do quanto você está disposto a receber e por incrível que pareça, isto pode ser algo simples (com estratégias adequadas), basta mudar ou reforçar a percepção do cliente em relação ao quanto disposto a pagar, isto só depende de você apresentar de maneira adequada e assertiva o valor (não preço) de seu produto ou serviço.

Por que a Precificação Estratégica é importante?

Qual dos três cafés da manhã é o mais caro?

Tabela 1 - **Comparando o incomparável**

EXERCÍCIO - Incomparável

	Café	Misto-Quente
Barraca do Zé	Grátis	R$4
Padaria do Joaquim	R$1	R$8
Boutique do Ramon	R$8	R$19

É bem verdade que não são coisas comparáveis, mas, infelizmente, é comum esse tipo de comparação de preços, sendo deixadas para trás as variáveis fundamentais.

Mas vamos a alguns detalhes adicionais de nossa história.

Maria é diarista e ganha pouco mais de um salário mínimo por mês. Ela foi agraciada com uma bolsa de estudos para sua filha, porém, com o aluguel de R$ 500 e sozinha para criá-la, a vida não é nada fácil. Acordar Célia bem cedo pela manhã já é um desafio e, embora seja caro para ela, todos os dias elas tomam um café na Barraca do Zé. Maria resolve rapidamente o seu café da manhã. Zé é um rapaz gentil, humilde, e tenta passar sempre algo positivo aos clientes. As instalações de seu negócio são um tanto quanto precárias e desconfortáveis, mas ele é atencioso, simpático e está sempre fazendo o seu melhor. Quando Maria e a filha não tomam seu café em pé, conseguem sentar em uns banquinhos de plástico na calçada. Em dias de chuva, acotovelam-se com os outros clientes embaixo do toldo – isso quando Maria não acaba desistindo do café da manhã. Mas há um fator ainda mais relevante para o nosso contexto: Zé faz compras quase diariamente, tentando controlar seu fluxo de caixa, quase sempre negativo; a escolha dos produtos é sempre pelas ofertas, promoções, itens próximos ao vencimento e, obviamente, nunca pela qualidade. O sabor do café varia muito, por conta disso. E o do misto-quente? Nem se fala. Mas elas dão sequência à sua rotina, alimentadas.

Já Fernanda é uma executiva de sucesso, seu dia é extremamente corrido. Sua filha estuda na mesma sala de Célia; as meninas são melhores amigas. Amanda vai para a escola de transporte escolar. Fernanda sente falta de viver mais o seu papel de mãe e são poucos os dias em que consegue ou se dá o prazer de levar a pequena para a escola. Como o tempo é corrido, algumas vezes ela para na Padaria do Joaquim, só porque fica ao lado da escola, tem onde estacionar e tomar um café. O café até é de sua marca preferida, assim como o presunto e a muçarela, mas não tem o expresso de que ela tanto gosta.

Seu Joaquim, por alguma estranha razão, está sempre emburrado, acha que está fazendo um favor para seus clientes e reclama com Fernanda porque ela deixa o carro lá para levar a filha à escola bem ao lado, ainda que seja por dois minutos. Ele tem uma despesa operacional baixa, assim como seu lucro e altos custos trabalhistas com seus funcionários, que pouco recebem e são tratados tão mal quanto seus clientes. Tentando basear sua estratégia no preço baixo, Seu Joaquim busca oferecer algo parecido com seus concorrentes, porém com uma experiência de compras terrível. Estabeleceu como concorrentes diretos: três padarias, duas lanchonetes e, de vez em quando, quer competir até com os preços da Barraca do Zé, imagine? Na tentativa de ser mais barato que todo mundo, seu negócio, infelizmente, está afundando cada vez mais.

Recentemente, Fernanda descobriu a Boutique de Pães Ramon. Um lugar onde ela deixa seu carro com o manobrista, toma um café expresso, composto por nove variedades de Arábica, selecionadas das melhores colheitas do mundo. O misto-quente do estabelecimento é um tipo de croque-monsieur, uma espécie de sanduíche gratinado. O diferencial é um molho bechamel entre as camadas de recheio e na parte de cima. Mais do que uma experiência gastronômica diferenciada, Fernanda adora a oportunidade de um momento agradável com sua filha; ali é um dos locais preferidos de ambas e, por muitas vezes, elas já perderam a noção da hora e acabaram se atrasando, mas acham que vale a pena.

Para além disso, o atendimento sempre foi algo que Ramon privilegiou. Como um apaixonado pela filosofia Disney, quer que seu time seja comprometido em entregar realmente uma experiência gastronômica e de atendimento diferenciada. Seu custo operacional era 5x maior que o da Padaria do Joaquim, assim como o seu preço era muito superior também, porém, obviamente, a experiência que ele entregava era, na mesma proporção, incomparável, e isso estava claro para seus clientes, que não se incomodavam nem um pouco em relação ao preço.

Assim como a Unilever adotou, mais de cinco anos atrás, a equipe de Ramon refere-se aos clientes como pessoas, pois assim os enxergam, cada um sendo único e incomparável, enquanto Joaquim, parado no tempo, ainda chama seus clientes de fregueses, o que pode ser até um insulto para quem tem menos de 30 anos.

Os três negócios eram próximos e Joaquim era o único meio lunático, que tinha os dois como concorrentes; queria fazer uma refeição com a qualidade do Ramon, mas com o preço da Barraca do Zé. Maria já havia passado em frente à Boutique do Ramon algumas vezes, mas nunca teve aspiração alguma para sequer entrar lá. Segundo sua avaliação, nitidamente tratava-se de um lugar que não era para ela e que oferecia algo por que nunca poderia pagar.

Mas, por coincidência, certo dia, Maria e Célia encontraram Fernanda e Amanda pelo caminho, que as convidaram para tomar um café com elas. Maria ficou maravilhada com a Boutique, o atendimento, a simpatia e a atenção dos funcionários e, obviamente, nunca havia comido um lanche melhor. Saiu de lá encantada: que dinheiro bem gasto! Ramon e seu time tiveram sucesso em sua empreitada de oferecer uma experiência única. O dia começou muito agradável para todas, com um momento de celebração da amizade, da vida – um dia memorável.

O fato é que as pessoas resolvem suas necessidades nos três negócios. Elas têm "problemas" (necessidades) distintos; se o problema for "matar a fome", os três lugares resolverão. Cada um tem uma proposta diferenciada, com objetivos, recursos, estratégias e público-alvo distintos (com exceção do Joaquim, né? Perdido na vida e quer ter tudo). O ponto mais importante, aqui, é que não faz sentido algum comparar os preços. É claro, o exemplo é exagerado, só para facilitar nosso exercício, porém, mais do que aprender a precificar bem ou garantir competitividade e uma margem adequada para seus objetivos e negócio, uma das principais estratégias que quero lhe entregar é:

Precificação Baseada em Valor

Para que seu cliente não faça comparações em relação ao preço de seu produto ou serviço, deixando de observar seus diferenciais, principais características e benefícios, a precificação baseada em valor é a melhor das estratégias, ressaltando seu valor além do preço, possibilitando a você cobrar o quanto for justo ao seu negócio, elevando seu lucro, suas vendas e seus resultados e reforçando, ainda, o maior benefício: a compra, conquistando a tão esperada fidelidade de seu cliente.

Neste primeiro exercício, a Boutique do Ramon empatou com o Barraca do Zé?

EXERCÍCIO - QUANTO VALE O PREÇO?

	Café	Misto-Quente	Preço	Produto	Total
Barraca do Zé	Grátis	R$4	10	1	11
Padaria do Joaquim	R$1	R$8	4	6	10
Boutique do Ramon	R$8	R$19	1	10	11

Notas de 0 a 10

Maria jamais se esqueceu da experiência incrível que teve na Boutique do Ramon. Num daqueles dias de chuva, quando os clientes ficam espremidos e se acotovelando debaixo da pequena Barraca do Zé, coincidentemente bem no dia do seu pagamento, ela resolveu tomar seu café na Boutique, com sua filha. Diferente da visão que tinha, de que o lugar não era para ela, foi tão bem recebida e atendida que percebeu que estava enganada.

É bem verdade que suas condições financeiras não possibilitavam que Maria e Célia tomassem seu café da manhã lá todos os dias, mas a experiência era tão diferenciada e gratificante que, pelo menos uma vez por mês, elas se davam a esse luxo.

Maria descobriu que preço é algo muito relativo e que há coisas na vida que não têm preço. Mais do que uma refeição incrível, da mesma forma que Fernanda, era ali que Maria vivia momentos diferenciados com sua filha; mais do que alimentar seus corpos com uma ótima refeição, estavam felizes pelo ambiente que proporcionava nutrir o amor entre mãe e filha, a amizade; era um momento de celebração, de união, assim como os que tiveram com suas melhores amigas ali e, às vezes, os faziam todas juntas. Maria apreendeu o quanto valia a pena investir um pouco mais, não somente numa refeição, mas em coisas que trouxessem um retorno melhor. Passou a levar isso para sua vida – e como sua vida mudou a partir dali. Veremos, mais adiante, que uma precificação baseada em valor, dentre tantos objetivos, busca fazer com que as pessoas entendam que o desembolso por determinado preço não está baseado em um gasto, e sim em um investimento.

Algumas pessoas e empresários, como o Joaquim ou o Zé, têm um pensamento equivocado de que os clientes sempre querem pagar o mínimo possível. Nem sempre. Na maioria das vezes, eles estarão dispostos a pagar mais pelo produto ou serviço, desde que seja oferecido algo a mais. Pode ser atendimento, qualidade, prazo, segurança, rapidez, praticidade... Muitas vezes, simplificar o processo de compras, indo além de seus concorrentes, já vale alguns centavos ou reais a mais no seu preço, sem problema algum. E simplificar o processo de compras inclui também a precificação e a comunicação das ofertas e preços. Detalharemos tudo isso logo mais.

Neste próximo e último exercício, pegamos as mesmas notas anteriores e incluímos a experiência, multiplicando pelo peso de cada atributo. O preço tem o menor peso dos atributos (peso 2); o produto tem o peso intermediário (peso 3), mas poderia ser o inverso; já a experiência, considerando pelo menos o caso da Maria, tem o maior peso (peso 5).

Cada categoria tem um peso diferente para os atributos, assim como cada perfil de cliente, período sazonal, localidade e concorrência, dentre outros aspectos. Por isso, é fundamental que as estratégias de *pricing* levem em consideração essas e mais uma série de particularidades que detalharemos. Contudo, a experiência de compras vem ganhando cada vez mais relevância.

Esse é um dos pontos mais significativos dentre as estratégias de rentabilidade, e realmente não é de hoje que o atributo experiência de compras tem cada vez maior influência em relação à percepção de preço, tornando o caminho mais curto, assertivo e inteligente para elevar o preço e aumentar a rentabilidade.

EXERCÍCIO - Incomparável

	Café	Misto-Quente
Barraca do Zé	Grátis	R$4
Padaria do Joaquim	R$1	R$8
Boutique do Ramon	R$8	R$19

Agora, sim, a Boutique do Ramon dá um merecido show!

Maria identificou-se e, mais do que isso, conectou-se ao propósito da Boutique do Ramon. Que ironia: ela, que achava caro o café da manhã da Barraca do Zé, entendeu que, na Boutique do Ramon, seu dinheiro vale cada centavo. Ela percebeu o valor agregado aos produtos e serviços, mostrando ser extremamente compensatória para o estabelecimento a estratégia da precificação baseada em valor e, mais do que isso, um ótimo negócio para Maria. Agora, já clientes, sempre que mãe e filha podem, estão por lá, levando amigos para conhecer. Não tem uma vez em que não façam uma selfie e divulguem para toda a gente "o melhor misto-quente do mundo". A avaliação da Boutique do Ramon na internet (outro atributo cada vez mais significativo) é algo surreal, e ele já está abrindo sua terceira unidade.

Zé, atento à vizinhança e percebendo que Maria sempre comentava sobre a experiência da Boutique do Ramon, buscou cursos na internet, profissionalizou seu negócio e também tem evoluído muito no ramo do food service. Tem estudado mais e mais e oferecido produtos e serviços diferenciados.

Já Seu Joaquim, coitado, depois de 25 anos, fechou sua padaria, faliu de vez e está a cada dia mais emburrado e turrão.

Até os anos 1980, era possível precificar unicamente aplicando a margem sobre os custos. A partir dos anos 1990, com mais opções de produtos, o cliente começa a se preocupar também com serviços e marcas e já passa a entender a importância do valor agregado. Já a partir dos anos 2000, principalmente com a chegada dos smartphones, tudo passa a mudar e o cliente, cada vez mais empoderado e exigente, passa a ser dono da situação.

Fatores de decisão de compra nas últimas décadas

Fonte: <https://bdti.com.br/ganhe-mais-clientes-usando-os-fatores-de-decisao-de-compra/>. Acesso em: 20 dez. 2020.

De onde parte o sucesso da Apple?

Não à toa, a Apple é o que ela é. Na apresentação do iPhone 1, a roupa de Steve Jobs já traz uma mensagem muito clara: "Nós envelhecemos, mas não perdemos a nossa juventude".

Em todas as suas apresentações, Jobs está com a mesma roupa. Isso é um reforço na mente de seus clientes, que se estabelece na forma como ele quer ser representado.

Para falar do que era o iPhone, o empresário escolheu outra marca, Os *Beatles*, mais precisamente a capa de um dos álbuns mais importantes de toda a história da música, *Sgt. Pepper's Lonely Hearts Club Band,* que faz referência a um momento de grande influência e mudança na carreira da revolucionária banda. A imagem é um discurso sobre o que significa o produto.

Steve Jobs era, ainda, uma figura desse pacote.

Tudo isso depois viria a se traduzir, a se constituir em preço, em desejo, em status, em posições dentro do mercado, até mesmo em um estilo de vida para alguns.

Sim, o preço é muito importante. E uma precificação estratégica pode garantir todo o sucesso do seu negócio e rentabilidade, assim como o inverso pode ser verdadeiro.

Como já reforçado no início, segundo Philip Kotler, um cara que entende de gestão como poucos, preço é o atributo mais importante, ou pelo menos mais dinâmico e flexível, dos 4 Ps do Mix de Marketing.

Tudo isso para chegar a uma das lições mais importantes sobre preço:

"Não fale de preço com seu cliente
antes de ele conhecer o valor do seu produto"

VUCA PARA BANI

Basicamente temos o acrônimo VUCA definido como um momento após a Guerra Fria (e sim, muito bem aplicado até hoje) e BANI em relação após a pandemia. E está evolução percebe-se até que não ocorreu simplesmente pela pandemia realmente e sim pela evolução digital.

A Volatilidade virou Fragilidade, de tanto as coisas mudarem o tempo todo e tamanha disponibilidade que temos hoje de informação, gerou uma fragilidade e o termo "Burnout" (exaustão física e emocional, cinismo, desapego, sentimento de ineficácia e falta de realização) realmente é bem mais comum e muito mais relevante / preocupante.

A Incerteza virou Ansiedade. Sim, é claro que o mundo continua inserto (mais do que nunca neste momento), mas da mesma forma a ansiedade se tornou um problema muito maior em relação a incerteza, com necessidade maior de foco.

O mundo foi muito além de ser **Complexo** e se transformou **Nada Linear**, conseguimos conviver com uma série de coisas complexas, mas hoje vai além, porque o complexo ainda está sobre nosso controle.

É finalmente só mais uma consequência das mais eminentes. Por não sabermos, nem fazer qualquer esforço em apreender a lidar com as diferenças, a **Ambiguidade** nos levou um nível de sociedade **Incompreensível** e da mesma forma que os pontos anteriores, se faz ainda mais relevante compreender.

BANI se mostra com uma bússola mais funcional para os mares nada calmos que passamos. Mas sigamos firmes e cada vez mais munidos de conhecimento e estratégias, afinal:

"*Mar calmo nunca fez bom marinheiro*" Proverbio Inglês

Adaptando esta nova realidade e novas necessidades, relacionadas a Precificação Estratégica e Rentabilidade temos:

Fragilidade (B – *Brittleness*): Não somente vidas, mas muitos negócios e projetos foram infelizmente interrompidos, por falta de planejamento tanto financeiro, quanto o desafio de garantir a competitividade neste cenário ainda mais complicado. Reforçaremos ainda o quanto uma falha num preço errado, pode por todo seu negócio por água abaixo. A fragilidade dos negócios em alguns aspectos se apresenta tão frágil quanto a vida e da mesma forma requer atenção especial a tudo o que é mais sensível, ficará bastante evidente o quanto o mesmo se aplica em relação ao **PREÇO**.

Ansiedade (A – *Anxiety*): Nos reforça que uma escolha pode destruir algo, não tem como não ficar ansioso. Com tantas tragédias, escolhemos nos cuidar melhor, não sair de casa, não ler o noticiário. Escolhemos melhor e com mais critério tudo o que vamos comprar e se o preço já era importante antes, neste novo cenário requer estratégias cada vez mais assertivas e eficientes.

Não Linear (N – *Nonlinearity*): Várias ações estão em curso simultaneamente, é um mundo não linear, a pandemia nos trouxe uma certeza mais que eminente, de que nós não temos controle de tudo, o tempo todo. A causa e o efeito muitas vezes estão distantes. Assim como o vírus que você foi exposto agora só te deixará doente daqui alguns dias e o quanto as consequências serão trágicas não podemos saber, seu **Posicionamento**, assim como suas **Estratégias de Negócio e Precificação** trarão um resultado que você não está vendo neste momento e isto pode ser bom ou ruim, talvez você não tenha tempo de corrigir no futuro, se não tomar as melhores ações hoje e da mesma forma, saiba, nem tudo está na sua mão, o consumidor tem muito mais domínio e influência nos seus resultados do que você imagina.

Incompreensível (I – *Incomprehensibility*): Diante tantas repentinas mudanças, com tantos acontecimentos, é fácil perder a conexão com a realidade. O avanço tecnológico já vinha muito rápido e de repente tomou conta de tudo. Não temos a menor possibilidade de compreender tudo o que nos cerca e aqui a analogia com o *Pricing* é algo totalmente natural, talvez você não esteja muito a par da precificação dinâmica, como funcionam os algoritmos, do quanto a internet impulsiona a inteligência artificial e aprendizagem aprofunda (*Deep Learning*) influenciam na precificação, não somente online, mas na venda física também.

Já estávamos num dos períodos mais transformacionais da história antes da pandemia, mas tudo agora foi acelerado exponencialmente. A forma de precificar, ser competitivo e conseguir obter rentabilidade, ou mesmo garantir a saúde financeira e sobrevivência de seu negócio, já vinha passando por mudanças severas e transformações das mais diversas a 10 anos. A diferença é que agora não dá mais para fingir que não está vendo, ou que estas mudanças ainda não são para você.

Ou talvez você não esteja tão por fora desta nova realidade. Mas afinal:

Você está impulsionando a mudança, ou está sendo conduzido por ela?

1. DESMISTIFICANDO O PRICING

Os 4 Ps do Mix de Marketing são, de maneira geral, os pilares básicos de qualquer estratégia de marketing e gestão de negócios de sucesso. Quando estão em equilíbrio, tendem a influenciar e conquistar o público.

A definição de marketing, olhando pela gestão de *pricing* e negócios, é:

O processo pelo qual uma empresa traduz, de forma lucrativa, as necessidades dos clientes em renda

De uma forma natural, toda empresa possui um produto ou serviço que deseja vender.

Assim, precisa trabalhar o valor de sua mercadoria (**o preço**), escolher um bom ponto de vendas (praça) e divulgar aquilo que é vendido (promoção).

Todas têm sua importância. Avaliaremos o quanto o preço circula pelas outras três estratégias.

Produto ou serviço

O **produto** deve estar adequado ao que o cliente deseja, dentro das expectativas (o ideal é superá-las), e satisfazer suas necessidades.

Aqui, são fundamentais os atributos dos produtos. É importante que esses atributos e o preço estejam equiparados e se complementem, vindo ao encontro da estratégia da organização, do produto ou do serviço. A **precificação baseada em valor** irá destacar, justamente, os atributos buscados pelo cliente em determinado produto ou serviço, enquanto parte das **estratégias de pricing** garantirão que o preço esteja adequado às suas expectativas (ao mercado), assim como satisfazer o que é esperado para o negócio (rentabilidade).

Preço

É a quantidade de dinheiro desembolsado pelo consumidor para receber os benefícios do produto desejado.

O cliente busca um preço justo.

Vários fatores o influenciam: público-alvo; segmento de mercado, concorrência, cultura, economia, dentre outros.

Colocado sempre como algo incondicional ao varejo, com uma equivocada visão de que deve sempre prevalecer o menor preço como estratégia competitiva, o correto é fornecer um **valor de mercadoria adequado à sensação de preço** (imagem de preço) de seus consumidores, ou seja, sua valia.

Promoção

É o principal motor propulsor de boas vendas. Tratam-se de elementos promocionais que divulgam e comunicam o produto ao mercado-alvo, como publicidade, propaganda, promoção de vendas, relações públicas e outros.

ATENÇÃO: **promoção não é igual a desconto!**

Promoção vem de promover

Promover = elevar, dar destaque, pôr em evidência.
Impulsionar, divulgar suas ofertas e seus diferenciais atrelados ao preço.

A promoção é uma melhoria das condições de algo: seu preço precisa ser melhor, não necessariamente mais barato, muito menos mais barato do que todo mundo. **Cuidado!** Existem diversos estudos que apontam que acima de 20% do volume vendido em promoção seriam comercializados mesmo sem desconto. Detalharemos a respeito, mas, pelo momento:

Se você está fazendo promoção sem conhecer seu cliente, desculpe: está jogando dinheiro no ralo!

Praça

A praça pode ser lida tanto como a localização quanto como o **ponto de venda**.

É o local onde se realizam as trocas entre produtores e consumidores. Envolve a logística e a distribuição (canais; cobertura; estoque; transporte), que tornam o produto acessível aos consumidores. Por motivos óbvios e bem evidentes, o preço tem um fator preponderante em relação a esta troca e mais do que isto a percepção de preço (custo/benefício) define o quanto faz sentido ou não a proposta em relação a todo investimento realizado no ponto de venda.

O preço e o ponto de venda

Estratégias de gerenciamento por categorias e pricing complementam-se em muitos pontos e são refletidas no PDV (ponto de venda) com grandes resultados.

Procurando aliar da melhor maneira possível ambas as estratégias e os departamentos, os resultados serão otimizados, assim como a superação de expectativas dos clientes e, consequentemente, os **lucros**.

Gerenciamento por categorias: são estratégias desenvolvidas em parceria entre Varejo e Indústria, buscando proporcionar a melhor experiência de compras para o cliente e trazer mais rentabilidade para o negócio.

De uma forma bastante resumida, a gestão de *pricing* busca resolver três problemas:

1) **Maximizar a percepção de valor** – "imagem de preço" (não propriamente o menor preço);

2) **Otimizar os resultados do negócio** – "lucratividade", rentabilidade para o negócio;

3) **Ser "competitivo" em relação ao mercado** (por que o cliente vai escolher sua loja ou serviço?).

PRICE = Preço

O (-ing) é o sufixo que pode ser usado para apresentar uma ação que está acontecendo agora.

PRICING = ação de precificar; colocar o preço (de forma estratégica).

Definição: estratégia de preço é um plano estabelecido com base na percepção de valor de consumidores ou clientes e gerenciado por meio de um processo eficaz, com o objetivo de maximizar a lucratividade, disponibilizando preços competitivos em relação ao mercado.

Por mais que essa definição possa ajudar a traduzir a palavra, assim como o preço, ela é apenas a ponta do *iceberg*.

2. POSICIONAMENTO

Antes de mais nada precisamos partir de 2 pontos prioritários:
- Público Alvo: Para quem eu sou aquilo que sou.
- Posicionamento: Que posição eu ocupo, quem sou eu. Qual é a minha personalidade. Qual a minha proposta de valor.

Um depende do outro. Primeiro precisamos saber quem é o Público Alvo, quais atributos ele valoriza e a partir daí construir o propósito. A partir daí chegamos na Estratégia Corporativa e Estratégias e Táticas de Marketing, para tão somente e finalmente incorporar as Estratégias de **Pricing**.

Comecei a introdução falando sobre V.U.C.A. Aliás, já é a terceira vez que estou abordando esse assunto, então vamos detalhá-lo brevemente. Talvez a sigla possa lhe ser estranha, mas, certamente, você sabe do que se trata, especialmente depois de 2020. Trata-se daquela sensação de que tudo muda a todo momento, marcada pelo dinamismo de novos padrões, comportamentos, tecnologias, competitividade, cenário socioeconômico ou político confuso e, claro, incertezas. Ou seja: **volatilidade, incerteza, complexidade e ambiguidade**. Tudo bem que, se você for um profissional de *pricing*, nada disso é novo para você e já faz parte das rotinas do seu dia a dia. A questão é, justamente, reforçar o quanto essas mudanças, os novos padrões, cada vez mais habituais, e os frequentes impactos influenciam nas estratégias de precificação e rentabilidade.

O **posicionamento** é um processo que busca atingir o que as pessoas sabem e sentem sobre determinados produtos ou marcas. É tudo o que se remete na sua mente e está amarrado em torno de um determinado produto, serviço e experiência, incluindo o **preço**. Essas construções mentais são feitas anteriormente à decisão de compras do cliente ou sua recomendação. Algumas das estratégias de *pricing* alcançarão o cliente desde essa etapa, sendo um dos processos fundamentais.

Podemos considerar três dimensões na mente das pessoas:

1) **Ativar estrutura cognitiva**: o que se sabe da oferta. Inaugurar essa posição, o conhecimento da existência da oferta ou do produto, não é uma coisa fácil. É necessária uma repetição do esforço para que a pessoa esteja mais familiarizada. Nessa fase, não somente a divulgação da oferta através de meios como mídias impressas, televisivas e internet, como a ideia concebida do propósito do negócio e o alinhamento com valores e expectativas serão importantes. Logo abaixo, detalharemos diversos aspectos do viés cognitivo, que tem forte influência tanto aqui quanto nas dimensões seguintes.

2) **Ativar estrutura afetiva:** o que se sente pela oferta. Admissão emocional que a pessoa sente. A experiência de compras tem uma atuação muito forte aqui; a frequência e os estímulos positivos reforçarão a etapa anterior. A experiência de compras tem aspectos diversos, mas, reforçando aqueles ligados às estratégias de pricing, destacamos aqui a questão do preço certo, que não quer dizer simplesmente a etiqueta de preço não estar com o preço errado, mas trata-se de um ponto de extrema relevância. Teremos, abaixo, um tópico detalhado a respeito.

3) **Influenciar a atitude**: estruturas que predispõem o comportamento. Uma dimensão de preferência, gostar mais, gostar menos. Uma predisposição de como se comportar. A pessoa sabe (1), ela sente (2), depois vem aquilo que ela vai fazer

(3), efetivamente comprar (ou não). Por isso, comprar não é simplesmente ter um preço ok ou justo. Existe um processo que facilita a ativação e o favorecimento da compra, independente do preço. Ou seja, cobrar mais caro, mas sobretudo deixar o cliente feliz, atender (superar) sua expectativa. Este é um de nossos principais objetivos, merecendo um tópico exclusivo e que será amplamente discutido: como conceder menos descontos/precificação baseada em valor.

Detalhando:

Viés cognitivo: por mais que você ache que sua escolha está sendo racional e lógica quando efetua uma compra, ela não está sendo tão racional assim. O inconsciente tem muito mais responsabilidade nisso. Um viés cognitivo (ou tendência cognitiva) é um padrão de distorção de julgamento que ocorre em situações particulares, levando a: distorção perceptual, julgamento pouco acurado, interpretação ilógica ou o que é amplamente chamado de irracionalidade.[3] Em relação à precificação, existe uma forte influência nas estratégias de *pricing*. A grande maioria das estratégias que você vai conhecer, detalhadas nos capítulos **"Estratégias de *pricing*"** e "O preço e o ponto de venda: o preço feio", envolvem gatilhos mentais e viés cognitivo.

Entender esses gatilhos mentais, assim como comportamentos do consumidor, é uma das estratégias mais importantes para uma gestão eficiente em precificação. Esse é um assunto que me fascina e já daria um livro à parte; se você tiver interesse em se aprofundar mais sobre o tema, recomendo a obra *Rápido e devagar: duas formas de pensar*, em que o PhD em Psicologia e Nobel de Economia Daniel Kahneman explica que nossa mente funciona

---

3 Fonte: Wikipedia. Acesso em: 9 jan. 2021.

pelo conjunto de dois sistemas: um é rápido (pega atalhos) e o outro, devagar (raciocina e analisa). Uma ótima leitura, mas, se faltar tempo ou você quiser saber um pouco mais agora, segue um vídeo bem bacana *(Abra o leitor QR Code de seu celular e aponte para a imagem)*.

Temos uma pressão socioeconômica cada vez maior por custos relativamente menores, fabricar mais e melhor. Infelizmente, à crise financeira e à falta de qualificação soma-se uma eventual desvalorização do capital humano. Acrescenta-se, ainda, o aumento de competidores/concorrentes e um consumidor cada vez mais bem informado, exigente e, neste momento, economizando/desconfiado. Essa é a receita perfeita para uma rentabilidade cada vez menor, se não for por uma precificação estratégica baseada em valor.

Qualquer estratégia de precificação precisa partir da análise do consumidor, mercado/concorrência, alinhada às estratégias de posicionamento, estratégias de gerenciamento de categorias e à gestão de *pricing*: a premissa básica, a de que o *shopper* (comprador) esteja no centro das tomadas de decisão – "Shoppercracia"[4].

---

4   Shoppercracia foi um termo criado pela especialista em consumidor e gerenciamento por categoria Fátima Merlin, para designar que quem dá as cartas para o negócio é o *shopper* (aquele que decide a compra). Esse nome também deu título ao seu segundo livro, lançado pela Poligrafia Editora em 2017.

Para entendermos de maneira simples, facilita utilizarmos o exemplo da fralda: o consumidor da fralda é o bebê, enquanto o *shopper* é a mãe ou o pai, enfim, quem compra. Consumidor e *shopper* podem ou não ser a mesma pessoa, mas nossas estratégias estarão direcionadas para este. As pesquisas mostram que, neste momento, o cliente está mais seletivo na escolha de seus canais de compra (e boa parte permanecerá assim), além de diminuir a frequência, aumentar o *ticket* e as compras on-line (preço ainda mais competitivo). Isso significa que o varejo precisa ser mais assertivo nas ações, nos serviços, na comunicação e, principalmente, na **precificação estratégica.**

3. QUANTO O PRICING CONTRIBUI PARA A ÁREA COMERCIAL?

Se perguntarmos a qualquer varejista quem define o sortimento, ele vai responder que é o cliente. Na teoria, funciona, mas na prática, nem tanto. No momento da negociação, em geral, o mais interessado e o motivo de existência para o nosso negócio não está na mesa: o *shopper*.

Já se perguntarmos quem define os preços, nem mesmo na teoria o *shopper* é lembrado para um grande número de companhias ou negócios, quem dirá na prática.

No departamento comercial, hoje, o comprador mal tem tempo de checar o nível de estoque. Menos ainda de levantar relatórios de vendas, crescimento e margem ou de pensar em estratégias que melhorem o resultado. Buscando otimizar todos esses e outros processos, as áreas de *pricing*, gerenciamento de categorias e inteligência de mercado têm por objetivo contribuir, de forma significativa, no processo de gestão, olhando para o mercado, buscando oportunidades e efetivando melhorias, com foco orientado para o cliente, apoiando a área de compras nas melhores tomadas de decisões, evitando promoções e demarcações de preços inúteis, compras desnecessárias ou ineficientes, baixa rentabilidade e margens apertadas, sortimento inadequado, rupturas, exposição em lojas sem critérios ou racional adequados, dentre tantas outras coisas, liberando a área comercial e dando suporte para exercer com eficiência e eficácia o que realmente é seu ofício: negociar bem!

São pouquíssimas redes de varejo hoje, mesmo incluindo as grandes delas, que fazem uma gestão eficiente de precificação e rentabilidade. É muito dinheiro que fica em cima da mesa, muita oportunidade jogada fora e, a partir desta pandemia, então, tudo só piora nesse sentido.

O consumidor, que desde a chegada do *smartphone* mudou seus hábitos e passou a ser, além de muito mais exigente, um conhecedor dos preços, hoje tem disponível na palma de sua mão, além do Google, que faz isso com muita eficiência, mais de 15 aplicativos de comparação de preços. De forma alguma dá para esperar que o comprador simplesmente faça sua equação de custo + margem esperada para chegar à precificação adequada. Mais do que trazer os dados da pesquisa de preços, o *pricing* tem a responsabilidade de mostrar análises e sugestões para o comprador: onde aumentar o preço, onde diminuir, como está o mercado, concorrentes, onde ele está perdendo, ganhando e onde estão as principais oportunidades, de forma dinâmica.

A área de *pricing* tem a responsabilidade de garantir as estratégias a longo prazo, tanto de venda quanto de rentabilidade, sendo o **guardião da margem**, porém desenvolvendo táticas flexíveis e com atenção às variações e oscilações que os ambientes internos e externos sofrem com cada vez mais frequência, ajustando-se rapidamente aos imprevistos e antecipando movimentos do mercado que, muitas vezes, sem essa **visão holística,** é impossível que a área comercial observe ou aja com o dinamismo que a situação requer, o que geralmente sai muito caro – quando não custa tudo e vemos cada vez mais negócios quebrando.

O comprador, por muitas vezes, vive em sua cabeça um dilema e, ao mesmo tempo, algo simples de resolver. Ele quer e precisa obter mais vendas e lucros, porém sabe que seu resultado de hoje será sua meta de amanhã. O que ele faz, muitas vezes, num processo obsoleto de gestão e sem o foco adequado? Bate a meta, sem exagerar, e deixa um dinheirinho na "gaveta" para o mês seguinte ou uma reserva de fôlego, numa forma "malandra" de estar bem na foto, ter fôlego para o mês seguinte (que, eventualmente, pode ser pior) e, de forma gradual, fazer com que seu crescimento seja constante, sem comprometer-se com um resultado extremamente alto, que seria possível, porém mais difícil de manter na mesma escala de forma natural.

Do mesmo modo, é possível que, em dado momento, a margem suba cinco pontos percentuais e seja algo específico de determinada ação realizada, e não se mantenham todos os cinco pontos percentuais ganhos, embora seja esperado que ela permaneça maior que antes da ação. São três pontos importantes aqui: primeiro, o critério de avaliação, que não está favorecendo a máxima eficiência, embora seja uma questão muito mais de entendimento do próprio gestor "explicar" tudo o que foi feito no período anterior e seria totalmente compreensivo que, se ele crescia 7% em vendas e em determinado período cresceu 30%, sua meta não pode passar a ser 30% ou mesmo 18,5% (média) de maneira automática. Os outros pontos, que consideramos ainda mais relevantes:

- *Pricing* tem sua cobrança principalmente por margem e rentabilidade;
- Gerenciamento de categorias tem a cobrança principalmente por vendas.

Dessa forma, as duas áreas têm em sua essência e como uma das principais responsabilidades suportar a área comercial nesse atingimento. Nada mais justo que este referido gestor ou comprador compartilhar a "culpa" do crescimento muito acima do esperado; dessa forma, também não faz sentido que toda a responsabilidade do futuro (metas) seja atribuída unicamente as suas projeções. Simples assim, e eficiente como se esperava. Todos felizes e faturando mais. Claro, não vamos esquecer que o *shopper* também está mais feliz; aliás, é somente porque olhamos para ele e traçamos as estratégias adequadas que estamos faturando mais, com mais rentabilidade.

O *shopper* é a pessoa que realiza uma compra, sendo o consumidor ou não. Entender como ele se comporta na loja, suas atitudes, onde quer investir seu tempo e gastar sua energia pode ser um guia importante para suportar decisões estratégicas.

Falamos de margem e rentabilidade, coisas distintas que detalharemos logo à frente. Tive um diretor que me ensinou muito, e ouvia sempre isto do seu pai: "Margem é margem, lucro é lucro". Na verdade, ele se referia à rentabilidade, mas, sabiamente, muito tempo atrás, já tinha essa distinção muito clara e não por acaso chegou aonde chegou.

Evoluir em vendas 30%, aumentar a margem em cinco pontos percentuais e, por que não, ao mesmo tempo – isso é possível? Neste cenário de crise?

Não só é possível como nem é tão difícil assim, desde que seu foco e suas estratégias estejam adequados. Partindo de seu interesse nesta leitura e exercitando o que está aprendendo, possivelmente você irá além.

4. PREÇO E PONTO DE VENDA
PRICING & GC

O *pricing* é uma das estratégias do gerenciamento por categorias (GC).

Estratégias de *pricing* e GC complementam-se em muitos pontos e são refletidas no PDV (ponto de venda) como grandes resultados.

Assim como você pode fazer um bolo sem farinha, pode fazer GC sem uma área de *pricing*, desde que sua área comercial esteja adequadamente preparada para as análises necessárias e para construir as estratégias de precificação e rentabilidade com relevância, considerando todos os pontos já abordados no tópico anterior. "O quanto o *pricing* contribui para a área comercial?".

Procurar aliar da melhor maneira possível ambas as estratégias e os departamentos (que devem andar juntos) certamente virá a otimizar os resultados. *Pricing* e GC são como pão com manteiga e mais o Cadastro de Produtos, tão relevante quanto, somam a trilogia do sucesso: Departamento de Inteligência Comercial.

Quando falamos em ponto de venda, alguns aspectos como **Posicionamento e Experiência de compras** são extremamente relevantes para um dos momentos mais importantes da jornada de compra do cliente, o momento da decisão de compra – quando, finalmente, convertemos todo o nosso esforço de marketing e demais estratégias para o tão esperado "**sim**" ao nosso produto ou serviço.

Justamente nessa grande hora, ainda falhamos muito. Desde o erro mais crítico, como ter um produto com preço errado, algo inaceitável como produto sem preço, imperdoável como preço fora da sua estratégia interna ou posicionamento, ou pior, como avaliaremos no tópico adiante, "Mercado, concorrência e competidores", um preço fora da expectativa ou necessidade de seu cliente, pode ser também algo mais simples, preço feio (arredondamento psicológico), que vamos entender não ser tão irrelevante ou simples assim.

São inúmeros os casos em que, após construída toda a sua estratégia, todo o seu investimento em marketing, anos de desenvolvimento do seu produto ou serviço, depois de finalmente convencer seu cliente de que tem a solução ideal para o seu problema, tudo pode ser estragado na hora "H", da precificação – e isso não é força de expressão, você pode desde perder seu cliente ou ir preso, como até ter seu negócio fechado por algum órgão de fiscalização.

Reforço que as estratégias de *pricing* e GC são muito importantes e andam juntas, porque até mesmo a posição onde o produto está na prateleira e o valor do preço têm uma relação fundamental, a localização das categorias na planta da loja de forma estratégica em relação à rentabilidade ou performance de vendas das categorias, fluxo de clientes, etc. Essas são algumas das estratégias que andam em conjunto, mas, falando afinal de nosso *pricing*, seguem alguns dos erros mais críticos: FIQUE ESPERTO (A)!!

- **Produto com preço errado**: aqui, se você só perder o cliente, dê-se por feliz. Você está no lucro. Pode acabar com a reputação do seu negócio. Nas aulas, eu gosto de mostrar um vídeo que circulou pela internet, de um cliente com o celular filmando a etiqueta e fazendo a consulta do preço no terminal ao lado, com vários preços diferentes, imagine a repercussão. Claro que pode ser um simples equívoco, um esquecimento de trocar a etiqueta, mas, para o cliente, é um roubo; e, se for ver, ele não está errado. Ah, mas se o erro for para baixo (preço menor)? Você ainda está fazendo algo péssimo, deixando de comunicar ao seu cliente um preço melhor (jogando dinheiro no lixo).

Existem três artigos que definem a questão: um do Código de Defesa do Consumidor (CDC), outro da Lei 10.962 e o último do **Decreto** 5.903. Todos dizem que vale o menor preço que o cliente encontrar – tanto para as lojas físicas quanto virtuais –, mas esse é o menor dos problemas. As multas podem ser milionárias. Para estabelecer o valor, o Procon leva em conta a vantagem financeira aferida com a infração, a condição econômica do infrator e a gravidade da infração[1].

- **Produto sem preço**: este é um erro quase tão crítico quanto o primeiro, embora não pareça, por ser tão recorrente e comum por aí. Segundo o Código de Defesa do Consumidor (art. 66), se você não encontrar o preço no produto, na prateleira, na gôndola ou na vitrine, vale o preço que estiver mais próximo, pois, caso contrário, vai caracterizar crime. Não havendo preço, existe omissão de informação relevante e a pena é de detenção de três meses a um ano e multa para o funcionário, gerente ou diretor responsável pela exposição do produto sem preço.

- **Preço fora da expectativa ou necessidade de seu cliente:** mediante os conceitos até aqui apresentados, há muito tempo já não é mais possível precificar simplesmente aplicando a margem objetivo sobre custos + despesas, até mesmo para os produtos menos sensíveis a preço (detalharemos logo mais). É importante levar em consideração as estratégias para o produto e a categoria (tanto do varejo quanto da indústria), concorrência, ambiente interno e externo, sazonalidade e regionalidade, mas, principalmente, a expectativa ou necessidade do cliente, colocando-o no centro da tomada de decisões (#shoppercracia).

---

1   O Código de Defesa do Consumidor estabeleceu limites claros a essa astúcia no que diz respeito à oferta e à publicidade. A publicidade e a oferta passaram a ser a pedra de toque da boa-fé negocial no CDC. O negociante não pode mais levar vantagem em tudo. É a lei informal torta de uma sociedade sem ética substituída pela norma positiva saneadora. Fonte: Disponível em <https://www.procon.go.gov.br/noticias/a-boa-fe-na-publicidade-no-codigo-de-defesa-do-consumidor.html>. Acesso em: 18 fev. 2021.

- **Preço fora da sua estratégia interna ou posicionamento:** se você não tiver uma estratégia bem definida ou ela não estiver clara para o cliente, alinhada com sua expectativa ou necessidade, fica difícil alcançar os objetivos. É fundamental a atuação do *pricing* como coautor, gestor e guardião dessas estratégias. Coautor? Mas como assim? O *pricing* não é o dono da estratégia? Na verdade, o pricing não é dono, e sim sócio. As estratégias partem das definições macro e objetivas da empresa e, em seguida, são desenvolvidas juntamente à área comercial, que em momento algum vai deixar de ser dona das estratégias, mas passa a contar com um apoio incondicional, especializado e estratégico, atuando em parceria para atingir os objetivos e as metas, compartilhando, inclusive, as responsabilidades, ônus e os méritos.

- **Preço feio (arredondamento psicológico):** logo adiante, nas estratégias de *pricing*, definiremos melhor; mas uma precificação aplicada, de qualquer forma, vai bem além de um preço feio (tipo R$ 4,01), tendo um forte impacto na percepção do consumidor (o que pode custar a venda ou não do item) e, inclusive, ter impacto no volume das vendas. Considerando esse exemplo, mesmo abaixando dois centavos e reduzindo a margem em percentual, é muito provável que aumentaremos as vendas, por meio de uma precificação mais estratégica (R$ 3,99). Mas calma lá, nunca é tão simples assim ou somente uma receita de bolo, afinal de contas, é algo estratégico. **Atenção!** Já se o exemplo for um preço de R$ 1,01 e o arredondamento aplicado para R$ 0,99, a diferença, que era de míseros 0,5% no primeiro exemplo, agora já representa imensos 2%. Aqui, estamos falando do percentual em relação ao preço, nem é a margem, para não complicar. Talvez, no primeiro exemplo, se estivéssemos falando de um item de impulso ou conveniência, com margem mais alta. Já no segundo exemplo, pode ser um item de alto giro e de margem muito baixa ou negativa, como leite. Pode ser que faça mais sentido, neste caso, arredondar para R$ 1,02 (sim, continua feio, só que menos feio) do que para R$ 0,99. De qualquer forma, neste exemplo permaneceria uma das regras mais relevantes: Não romper a barreira psicológica do R$ 1 e fazer o máximo para preservar R$ 0,99, talvez ainda que com margem negativa. É claro mediante seu propósito e estratégia da categoria.

De maneira geral, as regras definidas não são tão específicas ou detalhadas e seguem padrões mais simples, como o exemplo abaixo, mas o ideal é que sejam mais bem elaboradas e baseadas em determinadas sempre de forma estratégica. Quem sabe não se trata de uma categoria estratégica que está com regressão internamente, enquanto no mercado está com crescimento? O *pricing* nem sempre terá essa visão da estratégia por categoria, e sim o GC, por isso, as estratégias são compartilhadas entre ambas as áreas.

E se tratar-se de um fornecedor estratégico em quem estamos apostando para otimizar a performance? Se ele não aplicou uma verba visível na precificação e na margem, o *pricing* também não terá essa visão; já o comprador, sim (*Pricing* + Comercial). Pode ser, ainda, que o Marketing esteja com uma campanha subsidiada de alguma maneira para a categoria ou o fornecedor (*Pricing* + Marketing).

Quem sabe as lojas não estão com estoque muito alto, o fornecedor está apoiando alguma ação ou próximo ao vencimento (*Pricing* + Operações). Até mesmo alguma estratégia do operador logístico pode se beneficiar das estratégias de *pricing*, como já observado anteriormente:

"*Pricing* é a estratégia mais dinâmica dos 4 Ps do Marketing".

Alguns dos exemplos que reforçam as atuações essenciais e principais:

PILARES DO PRICING

- *Pricing* não é só um departamento, é um processo;
- Precisa estar conectado à estratégia da empresa e ao seu DNA;
- Tem uma forte integração com cada uma das áreas. Envolve vários ou talvez todos os departamentos;
- Trata-se de uma cultura que envolve toda a empresa, não de baixar o preço (simplesmente), mas de garantir rentabilidade e competitividade;
- É um grande apoio para a área comercial e as negociações, com atuação em ciências exatas, matemática, números,

estatística, cálculos, dados normalmente pouco disponíveis ao comprador (em especial pela falta de tempo e correria);
• Guardião da rentabilidade e do lucro, apoiando com estratégias e processos bem detalhados para cada uma das etapas;
• Complementa as estratégias e a integração entre Varejo e Indústria. O que traz uma grande contribuição, também ao JBP Joint Business Plan - Plano de Negócio (JBP) é um conjunto de estratégias executadas a longo prazo entre indústria e varejo, visando alcançar resultados positivos para todas as partes, incluindo o consumidor final.
• Tem impacto direto e imediato das estratégias junto ao cliente: positivo se a precificação estiver ok, mas negativo se não estiver;
• Compreender as respostas dos clientes para as diferentes ocasiões de compra e modelos estratégicos de precificação. Por exemplo, compra de abastecimento vs. reposição; impulso vs. planejada; sazonalidades; oportunidades; tendências;
• Amplo entendimento e domínio do ambiente competitivo aliado às estratégias para gerar maior valor;
• Traz a sinergia e o alinhamento entre os 4 Ps do Mix de Marketing (Preço, Praça, Produto e Promoção).

Valor transformado em preço

"Geralmente, o preço baseado em valor está associado a uma diferenciação da oferta, ou um 'produto/serviço ampliado', com especificações capazes de gerar maiores margens de lucro e rentabilidade em função da menor sensibilidade dos compradores ao preço."

(PAIXÃO; BRUNI; LADEIRA, 2006)

Há muito tempo, bem antes de toda a transformação e necessidade que estamos tendo hoje, antes da chegada dos *smartphones*, que revolucionou a forma como nos relacionamos com marcas e produtos, pesquisamos e temos acesso a pesquisas de preços e a um número infinito de informações, Kotler e Keller (2006) já identificaram que a capacidade de coletar, armazenar, processar, disponibilizar e acessar informações sobre os ambientes interno e externo constitui um recurso relevante no que tange ao suporte às decisões de preço de maneira confiável e lucrativa. Imagine agora: a diferenciação apresentada na precificação baseada em valor já deixou de ser um simples diferencial competitivo para garantir maior rentabilidade e competitividade, tornando-se algo essencialmente necessário para os dias atuais.

5. COMO CONCEDER MENOS DESCONTOS? PRECIFICAÇÃO BASEADA EM VALOR

"Tornar a experiência de compras memorável e diferenciar-se além do preço (agregar valor) fará com que cada vez menos o fator preço seja o mais relevante e o cliente valorize seus diferenciais."

Leandro de Oliveira

Precificação baseada em valor = converter clientes em fãs

Cliente Fiel
- Valoriza os diferenciais
- Não Pressiona por Preço

Comprador de Preço
- Não Valoriza os diferenciais
- Pressiona por Preço

Todos são importantes.
O Objetivo é converte-los

Que buscam Valor
- Valoriza os diferenciais
- Pressiona por Preço

Que querem Conveniência
- Não Valoriza os diferenciais
- Mas não pressiona por Preço

A figura da página anterior mostra-nos que todos os clientes são importantes, desde aquele que não valoriza os seus diferenciais e ainda pressiona por preço. Ele não deixa de ser um cliente, tem o seu valor e precisa ser convertido em um cliente que valorize ao menos um dos atributos. Já o que valoriza apenas um dos atributos (preço/conveniência) tem que ser convertido finalmente em um cliente que valorize ambos: este é o cliente fiel, que valoriza e reconhece seus diferenciais e acaba sendo uma consequência, não pressionar por preço.

"Ganhar dinheiro" não deveria ser a principal razão de ser de uma empresa, e sim uma consequência.

Não sejamos hipócritas: o principal objetivo (financeiro) de uma empresa é produzir com poucos custos, obtendo o maior lucro possível, ou seja, gerar lucros, e esta é, sim, a principal vertente, a coluna cervical da área de *pricing*. Porém, a melhor receita e uma forma de irmos além e de gerar bons dividendos de maneira linear e contínua a longo prazo é olhar, sobretudo, para o seu cliente (#*shoppercracia*), olhar para o mercado, não somente a concorrência, mas observar as oportunidades como um todo. Pensar fora da caixa. Mais do que aplicar a margem ao custo mais impostos e precificar, buscar oportunidades para rentabilizar o negócio e agregar **valor percebido ao preço.**

Sua empresa deve estar no negócio para fazer mais do que apenas ganhar dinheiro. Mas uma coisa é certa: se focar em algumas estratégias tendo como base entender, atender bem e superar as expectativas de seus clientes, você vai ganhar dinheiro como ninguém.

Para conceder menos descontos, aumentar a rentabilidade ou ainda fidelizar seu cliente, as dicas são as mesmas e simples, somente duas:

- **Conheça seu cliente (+Mercado e Concorrentes);**
- **Supere suas expectativas.**

Simples assim!

Ninguém vai te trazer mais dinheiro do que um cliente feliz, satisfeito e, quem diria, fiel. Não vai te pedir descontos. Esse cliente vai estar cada vez menos preocupado com o preço e, embora pareça antagônico na cabeça de alguns, as estratégias de pricing devem convergir justamente para que cada vez menos o fator preço (isoladamente) seja o mais relevante e reforçar o valor e os atributos dos produtos ou serviços a partir da **precificação baseada em valor**.

PREÇO BAIXO SEMPRE SERÁ UMA DAS PRINCIPAIS ESTRATÉGIAS

Antes de entrarmos em técnicas e segredos que podem fazer você prosperar seu negócio, ter saúde financeira e ganhar dinheiro como ninguém, é bem importante reforçar um dos pontos mais relevantes, porém abordaremos muito pouco a respeito, por um simples motivo: não é o nosso foco neste livro. Diante do cenário já mencionado na dedicatória e na introdução, pouquíssimas coisas em seu negócio ou serviço podem ser mais importantes do que ter um preço competitivo. Ter preço baixo é uma estratégia extraordinária, e que requer, sobretudo, duas coisas:

- Comprar bem/negociar bons custos + relacionamento (livro Colaboração & JBP);
- Reduzir despesas (livro Gestão da operação).

Eu poderia concluir dizendo "simples assim", porém, bem sabemos que isso não é nada simples. Mas, se você fizer com eficiência e for este o seu propósito, pode ter resultados incríveis;
   O fato é que não será nosso objetivo falar desses dois tópicos. Para tanto, deixei acima a referência de outros dois livros desta grandiosa coleção "Varejo em Foco" que, certamente, poderão apoiar a respeito. Esclarecido este ponto, as estratégias detalhadas adiante estão centradas em aumentar o preço, com eficiência e eficácia, é claro, para além de manter a competitividade.

Os segredos do ponto de venda

Como é grande a variedade de opções para se realizar a compra, expor preços e produtos não é uma tarefa simples; na verdade, é bem complexa e desafiadora. Pequenos detalhes na forma como os produtos e os preços são apresentados e um pouco de psicologia melhoram a experiência de compra e instigam o interessado (*shopper*) a, efetivamente, tornar-se cliente, efetuar a escolha e converter seu desejo/sua necessidade ou até mesmo curiosidade (experimento) em compras.

Diversos estudos na área apresentam pontos a serem considerados no momento de mostrar preços e produtos.

Gatilhos mentais da precificação

A compra é previsivelmente irracional

"Gatilhos mentais são os estímulos que o cérebro humano recebe para a tomada de decisão. É a nossa mente que decide o que vai comprar. Se você sabe como a mente funciona, terá o poder de influenciar as decisões que as pessoas tomam".

Dan Ariely

Previsivelmente irracional: aprenda a tomar melhores decisões, de Dan Ariely (2008), apresenta um vasto leque de experiências científicas, descobertas e situações caricatas que são, em muitos casos, divertidas e desmontam alguns preconceitos em relação à tomada de decisões com base em critérios puramente racionais. Em seu livro mais recente, o autor reforça esses e outros aspectos extremamente relevantes em relação a estratégias pertinentes à precificação baseada em valor.

Vender é mais do que convencer o cliente a comprar; é uma relação de troca onde todos ganham; é persuadir; é a arte de ajudá-lo a dizer "sim" nesse importante momento do processo de decisão de compra. Mas, importante: isso não quer dizer utilizar táticas de persuasão com o único objetivo de ganhar dinheiro. É fundamental que você tenha um bom produto ou serviço, mantendo o *shopper* no centro de suas tomadas de decisões e, aí sim, ganhar dinheiro será uma consequência.

Mensagem com emoção

Um outro estudo da *The Social Science Research Network* (SSRN) mostra que o consumidor geralmente se comporta de modo diferente do que ele realmente gostaria de se comportar. Esse comportamento é expresso naquela sensação de que gastamos mais do que deveríamos:

Por exemplo, foi comprovado, em pesquisas, um aumento de 20% nas vendas de uma inscrição simplesmente trocando a chamada:

"Com uma taxa de $ 5" para
"Com uma pequena taxa de $ 5".

Isso também se aplica a preços parcelados, usando palavras como "apenas" ou "somente", por exemplo. Neste estudo, foi demonstrado que, amenizando a dor de pagar *(pain of paying)*, fica difícil distinguir entre perfis gastadores e econômicos. Definitivamente, são detalhes que fazem a diferença.

Se você queria um motivo para conceder menos descontos ou ter uma precificação mais estratégica, vou lhe dar mais de 30

Propósito

Iniciando pelo nosso primeiro ponto abordado sobre precificação baseada em valor, temos o propósito.

Simon Sinek fala que as pessoas não compram o que você faz, elas compram o porquê você faz. Elas se conectam com propósitos, porque eles dão sentido à vida.

Para as marcas, definir o propósito é uma forma de se humanizar e gerar identificação com o público. Por isso, começar pelo "porquê" para embasar todas as suas estratégias faz um sentido enorme, e daí a recomendação de conteúdo e propósito.

Philip Kotler aponta essa tendência em seu livro *Marketing 3.0* (2010). Conforme já abordamos, as mudanças trazidas pela Internet e *smartphones* geraram um novo consumidor – mais ativo, mais engajado, mais exigente e mais comprometido com o planeta. Portanto, é isto o que eles esperam também das marcas: compromisso com o mundo, não apenas com a venda.

O autor reforça, ainda, alguns desses fatores, centrando as estratégias dos aspectos da rede e como aplicar à sua empresa em *Marketing 4.0* (2017), muito alinhado ao propósito de **precificação baseada em valor**, e reforça, nesta obra, que para alcançar o sucesso em um ambiente tão mutável, complexo e competitivo, o marketing deve guiar o consumidor ao longo de uma jornada que começa na apresentação e na assimilação da marca e termina na fidelização total. Uma estratégia de *pricing* eficiente acompanha a jornada de compra do consumidor e procura oferecer benefícios em todas as etapas.

O autor corrobora um ponto básico e fundamental à estratégia de pricing, a moeda, como a otimização da rentabilidade ao cobrar de clientes distintos de maneiras diferentes, com base no histórico de compras ou em outros aspectos do perfil do cliente e da flutuação em função da demanda do mercado. Se não bastasse, agora em sua última e mais recente obra, *Marketing 5.0* (2021), Kotler reforça, dentre as principais estratégias, o **marketing baseado em dados**, tendo como objetivo selecionar o correto mix de mídia de comunicação de marketing, requerendo algumas análises. As análises seriam: de **lucro** e **segmentação** do público, mapeamento da jornada do cliente, análise do conteúdo e hábitos de mídia.

Você pode até discordar de algum ponto ou conteúdo até aqui ou talvez não entender por que o tema posicionamento é tão relevante se estamos falando de *pricing*, afinal, mas temos aqui o **Papa do Marketing** trazendo três das maiores obras literárias a respeito, reforçando boa parte de tudo o que estamos considerando como premissas.

Você acha, por exemplo, que a Lego vende brinquedos para crianças? Nada disso: a Lego inspira e desenvolve os construtores do amanhã. Essa missão explica tudo o que a marca faz e desperta a identificação das pessoas.

E, falando ainda em Simon Sinek, outro livro seu de que sou muito fã, Comece pelo porquê[2], tem a ver com o nosso conteúdo.

---

2 Fonte: <https://www.youtube.com/watch?v=LjfortYLy30>. Acesso em: 16 jan. 2021

Justificando nosso roteiro:

1) "Por que o *pricing* é importante": propósito (razão de existir);
2) Pilares do *pricing*: como;
3) Estratégias de *pricing*: o quê.

Seguindo modelos, como os exemplos da Apple ou da Harley-Davidson, estratégias para precificar de forma mais eficaz e eficiente, inspirar e, finalmente, fidelizar. Devemos aplicar estratégias persuasivas, mas também inspiradoras!

Abra o seu leitor de QRCode e aponte para a imagem acima

Estratégias de Preço
Preço psicológico

Preço psicológico

Para Lamb, Hair e McDaniel, preço psicológico é uma estratégia que utiliza preços ímpares para dar a conotação de barganha e preços pares (cheios) para dar a conotação de qualidade

Em síntese, preços psicológico significa fixar preços que têm apelo especial a consumidores-alvo ou *prospects*

Final 9

Estudos mostram que preços com final 9 tendem a vender mais do que um mesmo produto com preço menor. Parece loucura, mas o estudo comparou um mesmo produto sendo oferecido a $ 35 e $ 39, sendo o último vendido até 24% mais.

Mais: se posicionarmos a oferta no estilo "De $ 80 por $ 49", a resposta é ainda melhor. Comparado a um mesmo produto sendo oferecido "De $ 80 por $ 35", o de $ 49 vendeu ainda mais! Exemplo Modelo: Regra Preço Psicológico

Faixa de Preço	Regra de Arredondamento
De R$0,01 a R$1,00	Aplicar o arredondamento Matemático na 2ª. Casa decimal
De R$1,01 a R$5,00	1 – Aplicar arredondamento matemático na 2ª. Casa decimal; 2 – aplicar a regra de arredondamento de acordo como o último digito do preço, sendo: • Final 0, 5 e 9 – nada a fazer; • Final 1, 2, 3 e 4 – arredondar para 5; • Final 6, 7 e 8 – arredondar para 9;
De R$5,01 a R$10,00	1 – Aplicar arredondamento matemático na 2ª. Casa decimal; 2 – aplicar a regra de arredondamento de acordo como o último digito do preço, sendo: • Final 0 ou 5 - nada a fazer • Final 1, 2, 3 e 4 – arredondar para 5; • Final 6, 7, 8 e 9 – arredondar para 10;
De R$10,01 à R$100,00	1 – Aplicar arredondamento matemático na 2ª. Casa decimal; 2 – aplicar a regra de arredondamento de acordo como o último digito do preço, sendo: • Final 0 – nada a fazer; • Final 1, 2, 3, 4, 5, 6, 7, 8 e 9 – arredondar para 10;
Acima de R$100,01	1 – Aplicar arredondamento matemático na 2ª. Casa decimal; • Final 0 – nada a fazer; • Final 1, 2, 3, 4, 5, 6, 7, 8 e 9 – arredondar para R$ 1,00;

Preço Simples

Outro estudo mostrou que quanto mais complexos e mais caracteres houver no preço, mais caro parece para o consumidor: A estrutura que foi testada:

O último parece menor que os dois primeiros, pois números e preços são processados e decodificados de três formas:
1) Visual (com base na forma como são escritos, com vírgula e centavos);
2) Verbal (com base na forma como pronunciamos);
3) Análogo (quando comparados a outros).

Similaridade

Ao se deparar com dois produtos semelhantes com o mesmo preço, a tendência é que a pessoa não opte por nenhuma das opções.

A Universidade de Yale fez uma pesquisa em que ofereceu a algumas pessoas a escolha de, dado um determinado valor, comprar um pacote de balas ou ficar com o dinheiro. No primeiro experimento, dois produtos tinham o mesmo preço e apenas 46% dos usuários escolheram por fazer uma compra – o restante preferiu ficar com o dinheiro.

Na segunda vez, colocaram os dois produtos com preços diferentes. Resultado: mais de 77% resolveram comprar alguns dos pacotes. Wow! Isso significa que, quando temos duas opções muito parecidas, tendemos a adiar, ao invés de tomar uma decisão.

Escala de preço

Um aspecto muito relevante para qualquer categoria é estabelecer uma escala de preços, em especial quando um determinado produto está em oferta. Habitualmente, a marca mais promovida ou ofertada é a marca líder. Quando realizamos uma oferta desse produto e não seguimos uma escala de preços, ofertando também os demais, de uma forma natural, os outros itens não vão vender. Assim, é importante seguir uma escala, estabelecendo, de forma percentual, uma relação entre os preços praticados. Estratégias mal planejadas fazem com que ofertas derrubem não somente margens, mas até vendas em volume, em determinadas categorias.

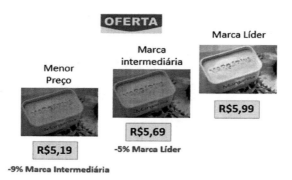

Ancoragem

Para aumentar a probabilidade de vender uma camiseta de R$ 70, posicione-a ao lado de outra de R$ 300 (viés cognitivo)

Nós estamos no controle de nossas decisões?
O efeito de ancoragem: coerência arbitrária

O equívoco: analisar racionalmente todos os fatores antes de fazer uma escolha ou determinação de valor.

A verdade: sua primeira percepção permanece em sua mente, afetando percepções e decisões posteriores.

Destacar Benefícios

Os compradores são menos sensíveis quanto maior for o benefício final do produto. Muito alinhado em relação às estratégias de GC e *pricing*, os benefícios devem ser bem apresentados e destacados, como iogurtes funcionais, orgânicos, *diet/light*, sem glúten, linha de tratamento (perfumaria), etc. Não deixa de ser um benefício, como já citado, o valor único ou os packs promocionais, ainda mais quando exclusivos.

Novidade/Lançamento

Novidades podem ser boas ou ruins. Mas o nosso cérebro cria a expectativa de que elas vão transformar a vida para melhor. O potencial de prazer nos faz gostar do que é novo.

Os produtos recentemente cadastrados (**novidade** ou **lançamento**) devem ter uma estratégia de precificação específica. Até mesmo porque é o momento de maior rentabilidade na vida deles. Mais uma vez alinhando-se à estratégia de GC, é muito importante que você seja o primeiro no mercado a introduzir novos produtos (é claro, quando relevantes e alinhados à sua estratégia de negócio e posicionamento), além do momento provisório de **exclusividade** e **novidade** de que acabamos de falar. Seus concorrentes, ainda não o tendo, reduzem o efeito de comparação de preços, o que também favorece maior rentabilidade. Em contribuição, ainda, o desejo de experimentar conciliado à venda por impulso (expor em locais estratégicos) favorece a venda desses produtos.

Também é importante que a comunicação de novidade ou lançamento esteja presente junto à comunicação do preço, uma vez que reforça a estratégia de agregar valor à precificação, justamente o que estamos buscando.

Confiança (Preço justo)

Confiança é a base dos relacionamentos. Esse é um dos gatilhos mais importantes. Se as pessoas não confiam em sua marca, produto ou preço, elas não vão se aproximar, nem comprar.

Elas precisam confiar que vão receber o produto que compraram, que suas expectativas vão ser atendidas, que não vão se frustrar, que estão pagando um preço justo. Os problemas de erros na precificação já comentados podem abalar de maneira absurda essa relação de confiança. **Construir uma relação na base da transparência e da confiança é algo fundamental.**

Preço por ocasião:
diferentes locais recebem preços diferentes

Diferentes locais recebem preços diferentes, mesmo com custos iguais. Da mesma forma que a cerveja não vai ter o mesmo preço no quiosque da praia e no mercado, devemos agrupar unidades ou lojas com perfil semelhante ou determinadas categorias ou agrupamento de produtos, avaliando oportunidades para aumentar o preço mediante atributos como localização, concorrência, períodos sazonais (Verão, Páscoa, Natal, Dia das Mães...) ou oportunidades que possibilitem maior ganho de lucro, assim como eventuais necessidades de precificação mais agressiva (perda de lucro/ganho de competitividade).

Check Stand e Cross Merchandising

Mais uma estratégia que deve ser muito alinhada entre pricing e GC é a de que alguns momentos de compra, como o check stand (equipamentos de venda junto ao caixa) ou o cross merchandising (venda casada), oferecem oportunidades de ganho de margem, "lembrando" ao *shopper* produtos que estariam esquecidos em sua compra ou demostrando novos itens (sempre de maior valor agregado ou rentabilidade), sendo possível aumentar a venda desses artigos, rentabilizar o negócio e ainda agradar ao cliente, melhorando sua experiência de compras.

Adequação de preços: preço-isca ou boi de piranha

Tenha um carro-chefe com preços competitivos. Identifique aquilo em que você é forte, o que traz o cliente para sua loja e está gerando tráfego. Ainda que você tenha preços abaixo do mercado ou até perca nesses itens, se está trazendo clientes está valendo. Mas, atenção: não faz sentido se os clientes estiverem comprando somente esses artigos. Um ponto que reforço é a parceria entre *pricing* e GC para o cliente levar outros produtos e, aí sim, trazer 100% do valor dessa estratégia. Se for para baixar o preço, tem que para vender mais; só vender mais o que está com margem negativa vai te levar para o buraco rapidamente. Avalie a elasticidade e a demanda (relação entre quanto baixa o preço e aumentam as vendas e vice e versa), sempre de olho na margem de contribuição. Evitar romper determinadas barreiras psicológicas, como nos exemplos abaixo, trás a percepção de preço baixo:

Abaixo de 1 real!
Ex: Quilo do limão até R$ 0,99

Abaixo de 20 reais!
Ex: Vinho até R$ 19,90

Promoção: comunicação "de:/para:"

Este é um dos piores e mais comuns erros que se podem cometer em *pricing*: correr o risco de baixar seu preço e o cliente não perceber que ficou mais barato.

DE:

PARA

Preço de entrada/produtos primeiro preço

É preciso dar acesso para o seu cliente. É importante que, no máximo possível de categorias, tenha um item de acesso (mais barato). Reforce, na comunicação visual e em cartaz promocional, a estratégia para esses produtos, é claro, alinhando-a ao seu posicionamento e às estratégias de *pricing*.

Produtos de marca própria

São vários os benefícios e as estratégias em relação à linha de produtos de marca própria (fabricação própria). Dentre os principais a destacarmos estão: diferenciação em relação ao mercado (o cliente só encontra em sua loja), maior rentabilidade em detrimento à economia, com investimento em marketing, mídia e divulgação e alinhamento estratégico com o desenvolvimento de categorias estratégicas.

Valor único/pack promocional

O gatilho mental da exclusividade desperta o lado esnobe do ser humano. Se uma pessoa tem acesso exclusivo a uma informação, um lugar, um produto ou oferta, ela tende a se sentir superior às outras. Dá aquela empinada no nariz, sabe?

O marketing de exclusividade não funciona apenas no mercado de luxo. Basta criar uma estratégia que desperte a sensação de privilégio de ter acesso ao que os outros não têm. É o que ocorre com produtos de marca própria, que terão uma estratégia de precificação totalmente diferenciada e segregada de outros produtos, assim como os *packs* promocionais. Os programas de fidelidade são recursos bem interessantes neste sentido, a partir do CRM é possível ainda identificar seus principais clientes e faz mais do que sentido oferecer um preço ou desconto especial. Assim como lembrar (resgatar) aquele cliente que estava sumido, a partir de um incentivo financeiro.

Os compradores são menos sensíveis quando o produto é exclusivo ou apresenta maior prestígio (exclusivo para compras no cartão próprio). Para essa estratégia, podemos desenvolver, por exemplo, *packs* promocionais e preços exclusivos em determinadas campanhas. Para além de aumentar o volume de vendas (maior quantidade de produtos em *packs* promocionais), ainda obtemos ganho ao evitar a comparação direta de preços (seu concorrente não vai ter o tal *pack* promocional exclusivo); você pode desenvolver internamente via promoção virtual do tipo "Compre 2 shampoos e pague R$ 0,01 no condicionador".

Quando não é possível, pelo seu sistema, desenvolver o *pack* virtual, uma opção é trabalhar com os *packs* desenvolvidos pela indústria, que alguns de seus concorrentes vão ter, mas não deixam de ser um diferencial.

Outro gatilho muito próximo ao anterior é o da **reciprocidade**:
Ele mostra que o ser humano gosta de retribuir o que recebe.

Quando alguém é legal com a gente, sentimos necessidade de oferecer algo em troca.

Muitas vezes (quando isso é estratégico, e não realizado de qualquer forma), quando oferecemos um desconto exclusivo e deixamos isso bem claro para o cliente, não simplesmente perdemos na margem ou na rentabilidade. Uma vez que você analisou e identificou que, de fato, trata-se de um cliente potencial (CRM) ou se você quer uma ação do seu potencial cliente e já tem uma estratégia certa para alcançá-lo, a este, sim, você pode oferecer um preço diferenciado. Ele tende a sentir o compromisso da reciprocidade e se dispor a se aproximar da marca, conversar com você e, quem sabe, comprar o produto ou comprar mais, se já for um cliente. O preço dinâmico permite que os valores praticados sejam alterados de acordo com as ofertas e demandas de determinados produtos. As companhias aéreas e a rede hoteleira já utiliza essa estratégia há bastante tempo.

A estratégia de preço dinâmico pode ajudar sua empresa a encontrar a margem de contribuição ideal para os seus produtos. Como esse tipo de estratégia adiciona muita complexidade ao seu negócio, é importante que você se prepare tecnologicamente para evitar problemas que possam interferir nas análises futuras, assim como viabilizar este processo.

Que tal dar de graça?

Temos um pensamento equivocado de que o que é de graça não tem valor. Não é bem assim. Chris Anderson nos traz uma visão bem interessante com relação à força do grátis. Ele ressalta que, hoje em dia, qualquer pessoa que cresça em uma casa com acesso à internet provavelmente terá como pressuposto que tudo o que for digital deve ser grátis. O autor de Free, o futuro dos preços (2013) destaca que esta geração dos que têm menos de 20 anos e já nasceram nas plataformas digitais "também espera que as informações sejam infinitas e imediatas".

"As pessoas que compreenderem o novo grátis dominarão os mercados de amanhã e abalarão os mercados de hoje."

Chris Anderson

E, já aproveitando o gancho: entenda que ter *Wi-Fi* disponível para os clientes em seu negócio é o mínimo que se espera. Ainda que ele vá utilizar para comparar seu preço em um daqueles mais de 15 aplicativos disponíveis e pode ir embora ou até abandonar a compra por conta disso, não tem jeito, meu caro leitor: essa é daquelas coisas que você já não escolhe mais e reforça atributos relevantes de seu negócio para além do preço.

Gatilho da exclusividade: preço exclusivo

Quem não gosta de se sentir especial por ter acesso a algo exclusivo?

Uma das muitas estratégias voltadas à otimização do relacionamento e à diferenciação, o preço exclusivo tem como objetivo agregar valor aos produtos e serviços, por meio da geração de um sentimento de privilégio nos consumidores.

Essa estratégia vai na contramão de outra que apresentaremos à frente, que é o pertencimento: o cliente quer se sentir único, busca por uma experiência mais seleta que o destaque do resto da multidão.

O marketing pode aproveitar esse sentimento tão bom na hora de nutrir o relacionamento com o consumidor, dizendo que enviou um conteúdo ou uma oferta exclusivamente para ele. Mas é fundamental complementar essa estratégia com preços certos. E qual é o preço certo? Bom, o marketing talvez tenha alguma ideia, mas o *pricing* "vai saber". É claro que, para ter significado e sucesso, esse gatilho vai depender da percepção que o cliente tem do seu negócio, serviço ou produto. Por esta e outras razões, reforçamos tanto a questão do posicionamento, assim como conhecer o seu cliente (CRM).

É possível gerar resultados significativos desde uma campanha direcionada especificamente a um determinado tipo de público. Você pode elaborar um folheto promocional (tabloide) e exclusivo (digital, é claro) e, além de fazer o cliente se sentir único, você pode direcionar ofertas que sejam realmente relevantes para ele, sem se preocupar com a concorrência copiando suas estratégias e as eternas brigas com os fornecedores quando você baixa o preço além de suas estratégias (o que é compreensível quando bagunça o mercado que talvez nem estivesse tão competitivo). Pode-se, ainda, fazer um evento exclusivo; poucas estratégias geram maior sentimento do que ser considerado um cliente premium. Já pensei em muitas coisas viajando neste tema, como uma sala vip para crianças ou maridos esperando pelas esposas jogando sinuca, vagas exclusivas mais próximas, eventos dos mais variados. Além de este cliente se sentir especial, outros vão querer ser exclusivos também. Monte suas regras para isso e faça-os gastar mais e também tornarem-se exclusivos.

Significância

Não tem a ver com ofertar produtos de qualidade e preços satisfatórios; isso é o mínimo que se poderia oferecer e, na cabeça do *shopper*, você não está fazendo mais do que sua obrigação (e ele não está errado). A significância tem a ver com tratar o cliente como ele é: um ser humano único. Sem estratégias adequadas, principalmente por meio do CRM, fica bem difícil traçar qualquer plano que traga realmente resultados nesse sentido. Quando estamos falando em precificação baseada em valor, buscamos sempre algo a mais, na ideia de transformar os clientes em pessoas apaixonadas, fãs de verdade. Não necessariamente precisam-se de alavancas caríssimas e super revolucionárias para isto: você pode começar enviando um cartão de feliz aniversário; claro, você pode aproveitar para mandar aquela super oferta, mas em momentos especiais, que seja algo único, realmente, e que isso fique bem evidente na cabeça de seu cliente. Tenha certeza, vai valer a pena.

Comprometimento/sinceridade/honestidade: =deveriam ser atributos inerentes a qualquer negócio, sendo das coisas que os clientes mais valorizam em qualquer empresa. Também é uma forma simples, mas incrível, de valorizar seu cliente. Acertar na precificação (tópico detalhado abaixo) já é um bom começo.

Ir além do combinado/surpreender: não é para fazer de qualquer jeito (qualquer cliente), a torto e a direito, mas imagine o cliente ao concluir sua compra, seja física ou on-line, ser surpreendido com uma mensagem do tipo: "Parabéns, você é um cliente especial para nós e estamos felizes por ter voltado. Ganhou um desconto adicional de 10% na sua compra". Quando as expectativas do cliente são superadas, fica mais fácil fidelizá-lo. E isso não é uma coisa de outro mundo, basta estar conectado às estratégias de *pricing* com seu CRM. Este é um cliente que não vinha à sua loja há mais de 3 meses e você pode ficar certo: ele não vai ficar mais esse tempo sem voltar. Para este cliente, valeu ter perdido um pouco do lucro; aliás, você está ganhando, mas reforço: é importante fazer baseado em dados e de forma estratégica, sem rasgar dinheiro.

Atenda às reclamações/ouça: não precisa, necessariamente, mandar aquele questionário de 10 páginas para o cliente, mas sabe aquela perguntinha básica ao final da compra ou um papelzinho questionando se faltou alguma coisa? Esteja atento quando o cliente reclama do preço; aqui nem adianta perguntar, o consumidor sempre vai dizer que está caro, pois, mesmo que não esteja, o medo dele é você aumentar. Mas, se tiver mais de um cliente falando do preço de um mesmo produto, é mais do que um alerta: algo do processo de pesquisa pode estar errado.

Escassez/Urgência

O gatilho da escassez é um dos mais usados em marketing e vendas. Quando as pessoas percebem que alguma coisa está acabando, elas correm logo para não perder a chance.

Isso está relacionado a um instinto de sobrevivência: precisamos garantir os itens básicos para sobreviver antes que eles acabem.

Esse gatilho ficou evidente no início da pandemia do coronavírus, quando as pessoas compraram pilhas de papel higiênico e produtos básicos porque havia uma percepção de que esse produto poderia faltar nos meses seguintes.

A comunicação promocional (atuação do marketing) deve estar muito próxima às estratégias de *pricing*, trabalhando em conjunto. Esse gatilho é usado para estimular as pessoas a decidir rapidamente uma compra. Se o benefício é escasso, é preciso aproveitar logo. A promoção também requer uma estratégia de precificação, incluindo informações relevantes, como pesquisa de preços e sensibilidade dos produtos, alinhada a oportunidades oriundas das análises de *pricing*. A comunicação da urgência, muito próxima à estratégia da escassez, já seria do tipo: "somente hoje", "promoção relâmpago", "não perca", locutor na loja. A limitação de produtos está condicionada a alguns tipos de ações muito agressivas em preços, porém é importante que se observe a legislação local: não são todas as cidades em que ela é permitida.

Autoridade

O gatilho da autoridade mostra que damos mais credibilidade para quem é reconhecido como autoridade em um determinado segmento.

Quando as pessoas ou as empresas em posição de poder (autoridade, conhecimento, influência, etc.) mantêm opiniões sobre um determinado assunto, elas são consideradas confiáveis.

Perceba que essa autoridade precisa ser conquistada. É preciso construir relações e ganhar a confiança das pessoas. Tem a ver com a definição de propósito de que falamos. Se seu posicionamento for de diferenciação ou um nicho especializado excelente, você vai poder cobrar mais pelos seus produtos ou serviços, desde que o cliente perceba isso e sua estratégia e reconheça que, de fato, você está entregando mais que seus concorrentes.

Você pode adotar métodos para se utilizar desse gatilho mental e ampliar a confiança de seus consumidores, por exemplo, por meio de depoimentos, endossos, patrocínios, parceiros relevantes ou campanhas.

Para o *e-commerce*, o resultado dessa estratégia pode ser uma posição de destaque na página de resultados do Google. Quando as pessoas veem seu site em primeiro lugar, entendem que você é uma autoridade reconhecida pelo mercado e pelo próprio Google. Isso traz mais credibilidade e complementa sua estratégia de precificação.

SEO significa *Search Engine Optimization* (Otimização para Mecanismos de Busca). É um conjunto de estratégias com o objetivo de potencializar e melhorar o posicionamento de um site nas páginas de resultados naturais nos sites de busca, gerando conversões, sejam elas um lead, uma compra, um envio de formulário, um agendamento de consulta ou outras soluções.

Coerência/Compromisso

Em geral, o ser humano tem compromisso com a coerência. A concordância entre o que falamos e o que fazemos é um sinal social positivo de maturidade e confiabilidade. Por outro lado, quando isso não acontece, sofremos pressões sociais. A pesquisa de preços é uma das principais estratégias de pricing. Para além de garantir a competitividade e a rentabilidade, ela tem uma atuação fundamental em garantir a coerência da precificação em relação ao mercado e seus concorrentes. Errar no preço é algo que, eventualmente, acontece. A correção desses ajustes deve ser o mais imediata possível. O objetivo é que isso nunca aconteça; suas estratégias de pricing garantirão que ocorra com a menor frequência possível, não somente para assegurar suas estratégias e rentabilidade, mas também sua imagem de preço (reforçando o gatilho "imagem de preço") em relação a seus clientes.

"O cliente não quer saber se você tem o melhor produto do mundo, mas sim se pode confiar em você".

O princípio do compromisso e da coerência diz que as pessoas estão dispostas a fazer um grande esforço para transmitir coerência entre suas palavras e atitudes – mesmo que, para isso, tenham que tomar iniciativas mais radicais ou arriscadas. É um passo longo até lá, mas, a partir do momento em que você consegue fazer com que o cliente seja embaixador de sua marca – e estamos dando estratégias suficientes para isso, desde que você se aplique com dedicação –, ele verá muito além do preço, enxergará os demais atributos de sua estratégia e, mais do que poder cobrar mais pelos seus produtos, você terá o cliente comprometido a comprar com você.

Consultando um texto sobre gatilho mental no Viver de Blog (https://viverdeblog.com/gatilho-mental/), encontrei uma pesquisa muito ilustrativa, em que foram encenados furtos numa praia de Nova York para desvendar se as pessoas arriscariam a pele a fim de impedir um crime. No estudo, um ator abria uma toalha de praia a um metro e meio de um indivíduo escolhido aleatoriamente. Após alguns minutos relaxando na toalha e ouvindo música num rádio portátil, o ator se levantava e ia caminhar pela praia.

Logo depois, um pesquisador, fingindo ser um ladrão, aproximava-se, pegava o rádio e fugia. Sob condições normais, as pessoas relutavam em se arriscar e desafiar o ladrão – apenas quatro pessoas fizeram isso nas 20 vezes em que o furto foi encenado.

Mas, quando o mesmo procedimento foi realizado outras 20 vezes, com uma ligeira mudança, os resultados foram muito diferentes. Nessas encenações, antes de deixar a toalha, o ator pedia à pessoa para vigiar seus pertences e todos concordaram, afinal, não custaria nada.

Dessa vez, impulsionados pelo princípio da coerência, 19 das 20 pessoas praticamente tornaram-se vigias, indo atrás do ladrão, exigindo uma satisfação, muitas vezes detendo-o fisicamente ou retirando o rádio de suas mãos.

A coerência é muito valorizada em nossa cultura, mesmo em situações em que esse não é o caminho mais sensato. A concordância entre o que se diz e o que se faz é algo bem-visto pela sociedade e, geralmente, está relacionada à maturidade e ao equilíbrio psíquico de uma pessoa.

Esse gatilho abrange, sobretudo, paixão e envolvimento emocional, baseado em estratégias que reforçamos desde o início, como as da Apple ou da Harley-Davidson, da precificação baseada em valor. É possível chegar lá.

Em relação ao e-commerce, o remarketing é outro exemplo de como você pode explorar esse gatilho. Ao colocar um produto no carrinho, o usuário compromete-se com a loja virtual. Se ele o abandona, a loja pode retomar o contato lembrando-lhe desse compromisso.

Imagem/Percepção de Preço

É bem diferente ser barato (sem rentabilidade) e parecer barato (imagem de preço). Se sua estratégia estiver focada em preço baixo, sem problemas, é uma estratégia. Só entenda que ser mais barato que todo mundo é um alto preço a ser pago, não somente na rentabilidade, mas uma das formas mais difíceis de fidelizar seu cliente – aliás, nem podemos chamar de fidelizar, pois, na primeira oportunidade em que um concorrente oferecer um preço mais baixo (o que nem é tão difícil), esteja certo de que seu cliente vai embora.De qualquer forma, ainda que essa seja sua estratégia, sobre tantas outras de que falamos até aqui, é importante entender que não adianta ser barato se seu cliente não perceber isso; muito mais importante é ter uma boa imagem de preço.

Gosto sempre de mencionar os exemplos do falecido (aqui no Brasil) Walmart e do Extra. Se você fizesse a mesma compra em ambos, seria bem possível que seu carrinho saísse mais barato no Walmart, com sua política de preço baixo todo dia, porém sem muitas estratégias para comunicar a respeito, afinal, na sua cabeça, nem precisava: ele tinha o melhor preço. Porém, se você perguntasse para a maioria dos clientes, a resposta apontaria para o Extra como o mais barato, uma vez que este sempre trabalhou melhor sua imagem de preço com estratégias desde o ponto de venda, evitando colocar em terminais ou ilhas promocionais produtos com preço acima de R$ 10; posicionando de forma mais estratégica os produtos mais baratos e as marcas próprias; sendo estratégico na definição e precificação tanto em mídias físicas quanto digitais, packs promocionais e reforçando a questão do desconto em relação ao preço baixo todo dia – e aqui está o "X" da questão: no Brasil, o povo quer saber é de promoção.

Mesmo para o líder mundial do setor, fica evidente que atuar no mercado brasileiro não é nada simples. Estratégias bem definidas e assertivas são muito importantes. Uma das principais falhas do Walmart que o levaram a desistir do Brasil foi justamente sobre o que mais abordamos até aqui: não conseguir construir um posicionamento estratégico claro, segundo o professor Roberto Kanter, MBA da FGV.

Influenciar

Se tem uma palavra na moda hoje em dia é influenciar – principalmente, mas não só, nas redes sociais. Pegando o gancho acima, do Walmart, influenciar pode significar desde se posicionar de maneira clara, ser estratégico na comunicação de valor e alinhado às expectativas dos clientes ou comunicar com eficiência na linguagem e em mercados regionais, o que os principais concorrentes do Walmart têm feito com tanta eficiência e em que ele foi bem ineficiente, um dos fatores também fundamentais. Coitado do Walmart: além de não influenciar, ainda foi cancelado. Cuidado!

Valor percebido

Exatamente como iniciamos com nossa história sobre os negócios da Barraca do Zé, da Padaria do Joaquim e da Boutique de Pães do Ramon, é fundamental para a estratégia de precificação baseada em valor pensarmos na relação do valor transformado em preço.

Se você tiver um sítio com uma cachoeira, uma fonte ou uma mina, quanto custa, para você, o que está disponível na natureza? Nada. Se for um copo de água filtrada, como dizem, "torneiral", vamos chutar R$ 0,10. Por uma garrafinha de água mineral, chutamos R$ 0,99. Já uma garrafa de água importada Perrier, por exemplo, custa R$ 20. Poderíamos destacar uma garrafa usada pelos artistas de Hollywood, como a Bling H2O, já por seus R$ 5.000 até. Mas não estamos falando de água, afinal? Acredite: os preços desse produto podem chegar até a impensáveis 16 milhões de reais!

A questão aqui é justamente o que vimos, reforçado de diversas formas:

A chave para a determinação do preço está na percepção do cliente em relação ao valor ofertado e percebido.

A obra mais famosa de Adam Smith ressalta a questão, por meio de sua investigação em A riqueza das nações: paradoxo da água e do diamante (1776):

"Toda e qualquer unidade de um bem vale de acordo com a satisfação das nossas necessidades e desejos que se obtém da última unidade disponível do bem"

Criação De Valor: Estrutura de Preço Baseado em Valor

A estrutura de preço baseado em valor gerencia decisões de preços dentro de um negócio competitivo.
- Decisões de estratégias de negócio:
- Táticas de apoio a estratégias de negócio/gerenciamento de categorias;
- Estratégia de preços;
- Preços de mercado;
- Política de desvios de preços;
- Processos para definir o preço de mercado;

- Processos para gerenciar descontos/promoção;
- Processos de acompanhamento de variação de preço e margem;
- Benefícios de insumos e impostos.

Gerenciando descontos & promoção

Dados da consultoria Nielsen comprovam a eficiência do pricing no varejo. Segundo a pesquisa, 40% dos produtos que estão à venda, gerariam maior lucro e faturamento se passassem por algum ajuste no preço. Enquanto isso, 55% dos itens ficam com preços maiores que a média de mercado, deixando escapar boas oportunidades. Quando utilizados com estratégia, bom senso e sabedoria, descontos e promoção tratam-se de uma ferramenta importante na garantia da competitividade, no aumento de vendas e no relacionamento com os clientes. Porém, é necessário ter regras, alçadas e disciplina para garantir que os objetivos sejam atingidos. Não somente as regras, mas os objetivos em prol de um bem maior e único entre as áreas (rentabilidade e saúde financeira) precisam estar bem claros para todos os envolvidos.

As alçadas (limites de competência) definem quem pode dar o desconto, até quanto, em quais situações e por quanto tempo.

Há uma situação terrível, na fila do supermercado, quando aquele cliente traz uma pilha de tabloides (jornais) da concorrência e fica questionando os preços no caixa, mas o pior mesmo é quando ele está com o tabloide da própria rede e tem um preço errado, como detalhamos lá no capítulo "O preço e o ponto de venda". Isso pode causar um enorme problema e, para além das estratégias de *pricing* que visam a, dentre outras coisas, garantir que tal situação não aconteça, o gerenciamento de descontos & promoção deve definir a autonomia do gerente de loja de forma imediata.

Benefício de insumos e impostos

O *pricing* tem uma relação muito próxima a várias áreas, incluindo a financeira e a contábil. Bem sabemos que os preços estão longe de ser transparentes aqui no Brasil e que, devido à multiplicidade de impostos e alíquotas e à incidência sobre insumos, o efeito final do sistema de impostos indiretos sobre os preços, a precificação, e, principalmente, a rentabilidade e a saúde financeira são desafios gigantes.

Os benefícios fiscais precisam ser entendidos e gerenciados da forma correta para alcançar o objetivo de reduzir custos produtivos e tornar a empresa competitiva. Mesmo uma instituição organizada estará sempre sujeita a eventos externos, infelizmente mais do que habituais por aqui, sendo essencial existir um método de gestão fiscal e tributária para antecipar riscos e proceder alterações dentro dos prazos, que se refletem no preço de venda e devem ser avaliadas com máximo rigor e mesmo estratégias. Por exemplo, quando sobe determinada alíquota de produto, consequentemente, o preço vai aumentar.

É possível que o mercado já tenha absorvido esse aumento e subido os preços e você estar com estoque antigo, sem o aumento de custo, mas, pela oportunidade do mercado, pode subir o preço e otimizar o lucro.

Estratégia orientada para valor percebido:

Em entrevista para a revista HSM Management, em janeiro de 2010, Andreas Hinterhuber, sócio de uma empresa especializada em estratégia de precificação e liderança sediada na Áustria, afirma que, em todas as pesquisas publicadas entre 1983 e 2006, conclui-se que a precificação é realizada pelas organizações da seguinte forma:

- 44% - estratégias orientadas pela concorrência;
- 37% - estratégias baseadas em custos;
- 17% - **estratégias orientadas para o valor percebido pelos clientes;**
- 3% - outras estratégias.

Segundo o executivo, a nova tendência da precificação é baseada no **valor percebido pelo cliente**, pois o relaciona diretamente às **necessidades dos clientes**. Definir o preço com enfoque no valor percebido significa, necessariamente, **descobrir o valor que os clientes reconhecem em nossos serviços ou produtos.**

Se há 10 anos essa precificação estratégica com base no valor percebido era tida como uma tendência significativa, nos dias atuais, diante do cenário aqui já exposto, ela passa a ser fundamental e de um diferencial competitivo para uma questão de sobrevivência.

Garantia/pós-venda (confiança)

É bem verdade que todos os gatilhos mentais, de certa forma, têm o objetivo de ganhar a confiança do consumidor. Contudo, aqui destacamos dois pontos relevantes a respeito. Reforçando mensagens do tipo "garantia estendida", "se não estiver satisfeito, devolvemos seu dinheiro" ou "você não perderá nada com a compra", você pode, além de aumentar a confiança do cliente, reduzir a possibilidade de ele procrastinar a decisão de compra ou, ainda, ter mais confiança no valor investido vs. benefício do produto ou serviço.

Além do mais, depois que a pessoa adquire seu produto, acaba assumindo um compromisso consigo mesma, como reforçado na estratégia anterior (coerência/compromisso), especialmente se for algo em que o resultado também dependa do cliente para se concretizar, como um produto para emagrecer ou um material esportivo, e pode trazer um grande benefício.

Da mesma forma, o pós-venda, que deveria ser algo muito mais habitual e uma das principais estratégias para garantir a recompra, reforça essa confiança, ajudando a tirarmos cada vez mais o foco única e exclusivamente do preço e elevando nossos lucros junto com a fidelidade.

As pessoas têm uma ansiedade primária imediata e medo de ser enganadas. Na pandemia, muitas foram as que ingressaram no mundo virtual das compras e nem mesmo conhecem o que são as certificações e seguranças que seu site oferece. Reforce as informações a respeito, informe melhor e deixe as pessoas saberem o quanto estão seguras comprando com você.

"Ganhe a confiança de seu cliente e você poderá vender até gelo no Polo Norte. Perca sua confiança e você não pode vender sequer água no deserto."

Gatilho da confiança: sentimento de grupo

Ainda falando em confiança, esse gatilho tem uma relação muito bacana com algumas das estratégias de *pricing*. Para facilitar o exemplo e pela admiração que tenho, vou reforçar algumas das estratégias de uma única rede, que trabalha muito bem esse gatilho – o GPA:

- **Programas de fidelização**: o Pão de Açúcar é uma das principais referências em programas de fidelização a longo tempo, foi o pioneiro no segmento de varejo alimentar;
- **Pão de Açúcar Adega, Clube de Compras**: como o Clube Wine, é referência no assunto. São cada vez mais populares eventos em lojas físicas, como os realizados pela rede Dalben (Campinas), que aproximam e reúnem apreciadores de vinho, cerveja, café, culinária, etc.;
- **Isoladas Sim, Sozinhas Não** (GPA + Instituto Avon): para apoiar mulheres que estão sofrendo violência e não conseguem pedir ajuda a buscar auxílio por meio de seu app;
- **Selos de descontos e promoções com parceiros** como Jamie Oliver;
- **Portal de pesquisas:** "Queremos ouvir sua opinião para fazer com que suas compras fiquem ainda mais fáceis e gostosas. Responda pesquisas e ganhe vale-compras!";
- **Horta Social Urbana:** atuando tanto na esfera social quanto comercial.

O viés de pertencimento simplesmente afirma que gostamos e confiamos em pessoas que consideramos semelhantes a nós. A afinidade pode vir de várias formas para ser eficaz. Formará um vínculo instantâneo e gerará sentimentos de segurança e gosto. Novamente, e desculpe já estar ficando chato com esse exemplo, reforço, por ser um dos mais claros a respeito: *Harley-Davidson*. O senso radical de lealdade construído por essa marca, sem dúvida, tornou-se um dos principais ícones de uma comunidade forte, com sentimento de grupo. Os motociclistas da Harley são fanáticos, muito além dos mais fanáticos do futebol – tão fanáticos que quase parecem um culto!

Gatilho da confiança: afinidade e efeito de exposição

Um dos maiores chavões do Marketing é: "quem não é visto não é lembrado".

Pois bem, você já deve ter comprado um produto porque o vê em qualquer lugar, nas ruas ou em anúncios. onde quer que você vire. Quanto mais você é exposto a algo, mais você o considera confiável e a repetição, geralmente, produz familiaridade, porque religa os caminhos neurais, manifestando, assim, tendência e garantia a algo familiar.

Tudo bem, aqui é um gatilho diferente, que requer um determinado ou talvez considerável investimento – ou não. O fato é que, alinhado a seu posicionamento e estratégias definidas, complementará alavancas que reforçarão atributos adicionais à valorização de seu preço, produto ou serviço.

Pela mesma razão, de maneira geral, as marcas líderes têm uma larga vantagem sobre seus competidores e conseguem se aproveitar de margens de lucro mais vantajosas, ainda que invistam muito para isso.

Você já deve ter observado, ao realizar determinada pesquisa ou simplesmente navegando por algum assunto no Google, aplicativos ou redes sociais, que logo na sequência, em questão de minutos, começam a surgir anúncios do referido produto pesquisado. Essa estratégia é chamada de redirecionamento e, atualmente, é um dos meios de publicidade mais lucrativos, baseado no Big Data[3].

CRM – Gestão de Clientes

"O CRM no contexto da Ciência do Consumo", de Fernando Gibotti desta Coleção Varejo em Foco, disponibilizará em detalhes as estratégias de CRM na íntegra.

---

3 Fontes de apoio, consultadas em 10 jan. 2021, disponível em: <https://rockcontent.com/br/blog/gatilhos-mentais/>; <https://viverdeblog.com/gatilho-mental/>; <https://onlinenegociodigital.com/gatilhos-mentais-para-ganhar-confianca-e-vender--mais-parte-1/>.

No tópico anterior, falamos bastante de CRM, que, além de uma ferramenta fantástica e cada vez mais essencial, tem uma importância considerável para as estratégias de *pricing*.

Uma vez que estamos falando em precificação baseada em valor, o gerenciamento de relacionamento com o cliente é algo fundamental.

Como conceito, o CRM é um sistema integrado de gestão com foco no cliente, uma estratégia de negócio voltada ao entendimento e à antecipação das necessidades e potenciais de uma empresa.

Um dos principais objetivos do CRM é fidelizar clientes – embora este seja um termo confuso, pois leva a imaginar que você ganha um cartão com seu nome e alguns descontos ou milhas, simplesmente. A fidelização vai muito além disso.

O termo refere-se a um conjunto de práticas, estratégias de negócio e tecnologias focadas no cliente (#shoppercracia), desde pequenas e médias até grandes empresas, que podem ser utilizadas para gerenciar e analisar as interações com seus clientes, **antecipar suas necessidades e desejos, otimizar a rentabilidade e aumentar as vendas e a assertividade de suas campanhas de captação de novos clientes, assim como precificar de maneira estratégica e eficiente.**

Buscar a satisfação total do cliente. Superar suas expectativas.

Como um dos principais aliados à gestão de *pricing*, analisar as vendas por cupom já é um ponto bem importante e um excelente pontapé inicial na busca por essa fidelização, partindo do conhecimento do cliente, entender suas compras e realizar promoções que sejam relevantes da forma mais personalizada possível, evitando, assim, desperdícios de margens com promoções que não agregam valor, driblando guerras de preços e **encantando** por meio de uma oferta única, diferenciada e exclusiva, sempre que possível.

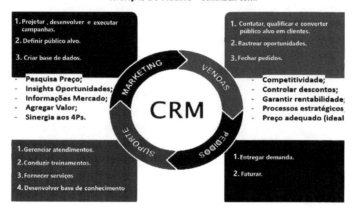

Por meio dessa gestão de clientes, conseguimos evoluir em promoções cada vez mais assertivas. O folheto promocional ou tabloide ainda é bastante representativo, mas fará cada vez menos sentido, não simplesmente pela questão de toneladas de papel e o meio ambiente, mas também pela desconexão justamente com uma proposta mais centrada nas particularidades e necessidades específicas de cada cliente.

A tendência, cada vez mais, será partirmos dessa comunicação genérica para um nível de relacionamento justamente desde essas informações coletadas por meio do CRM e trazendo promoções mais individualizadas, assim como cada vez mais sugestões de compra, com base nos hábitos e na jornada de cada cliente.

Um exemplo simples: se o cliente comprou uma escova de dentes em janeiro, em março você pode lembrá-lo de que está na hora de trocá-la – mas seja gentil, explique sobre o processo e a recomendação dos dentistas; e seja esperto também, é claro: ofereça um desconto especial no último modelo que acabou de sair (mais caro que a última compra) ou, quem sabe, uma escova elétrica, e reforce sobre a educação em saúde bucal, a importância de utilizar o fio dental e o antisséptico bucal e estimule-o a levar o kit.

Resumindo, ele gastou R$ 15 na escova e agora você está lembrando-o de que faltou muita coisa ainda, ajudando-o a cuidar melhor da sua saúde e oferecendo um baita desconto. O gasto adicional de R$ 50 é só uma consequência. Se fizer isso bem feito, acredite, ele estará feliz em gastar mais. Não é bem melhor a estratégia do que só se preocupar em subir 10% do preço e ganhar mais R$ 1,50?

A estratégia vai além e busca oferecer aquilo que o cliente ainda nem sabe que precisa e, claro, alinhada ao planejamento do que você quer vender, afinal.

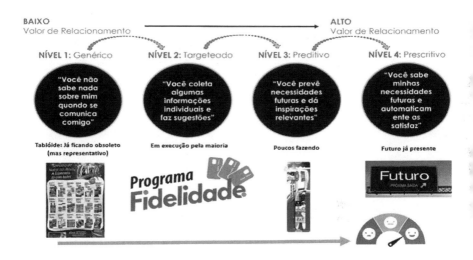

6. MERCADO, CONCORRÊNCIA E COMPETIDORES

Quanto a pesquisa de preços e estratégias de competitividade, vejo-me obrigado a citar uma célebre frase de um brilhante e dos mais conceituados estrategistas:

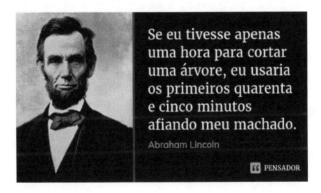

Citação de Abraham Lincoln[4]

Não adianta realizar a pesquisa de qualquer forma ou sem vinculação apropriada às estratégias que tanto abordamos até aqui.

---

4   Fonte: <http://www.pensador.com>. Acesso em: 20 jan. 2021.

Diferentes preços entre os canais de venda

Ter loja física, e-commerce, consultor ou vendedor na rua predispõe precificações diferentes; cada canal tem um custo, assim como valores diversos. Não quer dizer que o vendedor de rua tenha um valor menor: pelo contrário, ele pode estar oferecendo um benefício muito maior, entregando o produto na porta do cliente. Quer benefício maior do que tempo? Saiba valorizar seu produto e cobrar preços diferentes mediante cada proposta. Entenda qual canal de venda é mais rentável e saiba apresentar os diferenciais ao seu cliente, cobrando de acordo com a proposta, mas também a oportunidade de cada um.

E, claro, estimule o cliente a utilizar aquele que dá melhor retorno, pois precisa ser, também, a melhor oportunidade para ele. Essa necessidade pode passar pelo agrupamento de lojas (cluster).

A definição de cluster de lojas (agrupamento de lojas com perfil similar) é o primeiro passo e requer uma atenção especial, antes ainda da definição da lista dos itens que serão pesquisados.

Sempre levando-se em conta que:

É difícil ser o mais barato de todos, o tempo todo. Dá trabalho e a questão nem mesmo é ser o mais barato, necessariamente, e sim, como já reforçamos, ter a melhor percepção de preços pelos clientes.

A seguir, um exemplo:

CLUSTER LOJAS

	PEQ 1	MED 2	GDE 3
SORTIMENTO A	80%	90%	100%
SORTIMENTO B	70%	80%	90%
SORTIMENTO C	60%	70%	80%

SORTIMENTO A: Melhor Sortimento (Público AB)
SORTIMENTO B: Sortimento Intermediário (Público BC)
SORTIMENTO C: Sortimento Básico (Público CD)

80% sort.		
90% sort.		
100% sort.		
70% sort.		
80% sort.		
90% sort.		
60% sort.		
70% sort.		
80% sort.		

Cluster	Público / Tamanho
A1	AB Peq. (Menor Sort.)
A2	AB Média (Sort. Médio)
A3	AB Grande (Maior Sort.)
B1	BC Peq. (Menor Sort.)
B2	BC Média (Sort. Médio)
B3	BC Grande (Maior Sort)
C1	CD Média (Sort. Médio)
C2	CD Grande (Maior Sort)
C3	CD Grande (Maior Sort)

	PEQ 1	MED 2	GDE 3
SORTIMENTO A	MOOCA / BUTANTÃ / NAÇÕES	IPIRANGA / SANTOS VILA MATHIAS / CAMPO LIMPO / GUARULHOS	JUNDIAÍ / VILA EMA
SORTIMENTO B	FREGUESIA DO Ó / OSASCO / CUPECÊ / SOROCABA	SANTO ANDRÉ / FRANCO ROCHA / CIDADE DUTRA / LIMEIRA	ATIBAIA / S.B.CAMPO / S.J. CAMPOS
SORTIMENTO C	PRAIA GRANDE / SANTOS / GUARUJÁ	ITAPEVI / BONSUCESSO / TAIPAS	MARECHAL TITO / CID. TIRADENTES / JANDIRA / BRASILÂNDIA

Nesta definição, o agrupamento das lojas não precisa compartilhar da localização próxima, e sim de atributos semelhantes, como: tamanho, tipo de público, faturamento, despesa operacional, proposta de valor, nível de concorrência, estratégias de marketing, estratégia de *pricing*, etc.

Já a proximidade das lojas pode ser considerada junto à definição de concorrentes, quando estiverem num raio de distância suficientemente próximo, quando mais de uma loja tiver os mesmos concorrentes definidos como primário e secundário, como estratégia para otimizar o time de pesquisadores:

Cluster Lojas: Pesquisa

Distribuição do número de itens pesquisados/roteiro por tipo de pesquisa

PESQUISA	PERÍODO PESQUISA (Nº de vezes)				**Nº Itens	*Part. Vda.	Dia Semana
	BIMESTRAL	MENSAL	QUINZENAL	SEMANAL			
SORTIMENTO (Nº APROXIMADO)	1				4000		2a e 6a Feira
PESQUISA TABLÓIDE (Nº APROXIMADO)				1	150		3a Feira
FLV (2X NA SEMANA)				2	20	5%	3a e 6a Feira
ULTRA NOTÁVEIS				1	150	30%	4a Feira
NOTÁVEIS (1º E 3º SEM)		1			350	35%	4a Feira
TOP SORTIMENTO (Nº ITENS APROXIMADO)	1				1000	10%	5a Feira
PESQUISA INTRODUÇÃO				1			5a Feira

SORTIMENTO: Produtos menos importante na Curva ABC de Vendas. Pesquisa realizada para definição da Mg. Objetiva (AUFS)
PESQUISA TABLÓIDE: Toda a lisa de Itens Tablóide são pesquisados, para garantirmos o Melhor Preço SEMPRE, nesta que é principal ferramenta de comunicação e Imagem de Preços.
FLV: Em função da maior dinâmica, pesquisa realizada duas vezes na semana. 3a Feira para combate Feirão e 6a Feira para o Final de Semana.
ULTRA NOTÁVEIS: Principais itens em Percepção de Preços pelos clientes, são os mais importantes. Não Podemos perder nunca!! Pesquisa toda semana.
NOTÁVEIS: Depois de Ultra Notáveis, são os principais itens em Percepção de Preços pelos clientes, importantes. Também Não Podemos perder em Competitividade!! Pesquisa 1ª e 3ª semana do mês.
TOP SORTIMENTO: Depois dos itens Ultra Notáveis e Notáveis os 1000 itens mais importantes nas Vendas por Cupom e Curva ABC de vendas. Da mesma forma a alteração de preço deste itens se dará somente via Pesquisa de Preços.
PESQUISA INTRODUÇÃO: Novos produtos antes de serem cadastrados serão pesquisados, para que tenhamos competitividade logo de início. Semanalmente será realizada pesquisa de todos novos itens apresentados.

Importante:
Estratégia do Ganha e Perde

É importante fazer o ganha/perde, perder em alguns para ganhar em outros. Mas é impreterível que, nos itens mais sensíveis a preço, sendo também aqueles conhecidos pelos clientes (supersensível, ultranotáveis, cada um chama de um jeito), seja mantida a competitividade em relação ao mercado. Nesses itens, de fato, não se pode perder, nunca.

"Ser mais barato nos itens mais relevantes, aqueles de que o cliente conhece o preço".

Pesquisa de sortimento:
oportunidades de ganho

Já a pesquisa de sortimento (demais itens) também se faz fundamental. É onde, habitualmente, encontramos oportunidades de ganho e a forma como contribuir para a definição da margem objetiva (revisão do mix de margem), garantindo atingir os objetivos estratégicos para cada categoria (rentabilidade) e estar com preços compatíveis ao mercado (competitividade).

Porém, continua sendo importante a competitividade.

De alguma forma, é necessário compensar a margem de tudo o que se está perdendo, acompanhando seu concorrente nos itens mais importantes.

"Não tenha medo ou vergonha de ter altas margens se o mercado assim o permitir".

Evite a Guerra de Preços

Contudo, o velho hábito de precificar um centavo abaixo gera um desgaste terrível quanto à guerra de preços. Você baixa um centavo, seu concorrente faz o mesmo e daqui a pouco está todo mundo no limbo. Estar com o mesmo preço de seu concorrente e trabalhar suas ofertas e promoções de forma eficiente já colocam você em melhor patamar de preços e evitam a famigerada guerra de preços.

Não vá errar junto - alguns cuidados:

- Não vá errar junto com seu concorrente (preço errado, fora de mercado, vencimento próximo);
- Não seja controlado pelo mercado;
- Não mire em todos os concorrentes. Identifique seu concorrente direto e, no máximo (como referência), um secundário.

Pesquisa de preço: recuperar a venda perdida

A pesquisa de preço, aliada a um sistema de análise de vendas e rentabilidade, é uma grande aliada para recuperar a venda perdida. Quer dizer, deixar de perder vendas, a partir da análise de elasticidade e demanda (variação do quanto aumenta a venda quando abaixamos um preço e vice e versa).

7. PRECIFICAÇÃO ESTRATÉGICA

Estratégia de preço é um plano estabelecido com base na percepção de valor de consumidores ou clientes e gerenciado por meio de um processo eficaz, com o objetivo de maximizar a lucratividade, disponibilizando preços competitivos em relação ao mercado.

O preço vai muito além dos números impressos na etiqueta. Existe uma diferença entre o que está na etiqueta, ou seja, o preço do produto (ou serviço) e o valor que ele possui – e esse valor é bastante relativo, como detalhado na historinha que começamos neste livro. A comparação que o cliente fará entre esses dois fatores é o que vai determinar se sua percepção será de um preço baixo, alto, coerente, justo ou não, sendo essa **percepção de preço** algo crucial de nossas estratégias de *pricing*, merecendo um capítulo à parte.

Essa abordagem vem muito ao encontro dos dias atuais, do mundo V.U.C.A. e das necessidades cada vez mais latentes de precificação baseada em valor.

> *"O cliente sabe o preço, as estratégias de pricing possibilitam construir o valor."*

Pelos estudos realizados por Simon (1992), Souza et al. (2005) e Souza (2006), de modo bastante habitual, as empresas costumam tratar a precificação como a estratégia mais simples dentro do composto mercadológico, ainda que Kotler, como mencionado anteriormente, reforce ser um dos mais estratégicos. Tais estudos indicam que muitas empresas determinam seus preços com base na intuição, em paradigmas vigentes e na experiência de mercado dos gestores, não havendo, em muitos casos, a preocupação com um sistema ou conjunto de informações que dê suporte ao processo de tomada de decisões na formação de preços, na maioria das vezes realizada de forma empírica. Pelo que eu tenho acompanhado ao longo desses mais de 20 anos atuando em inteligência comercial, em canais e formatos dos mais diversos, de 10 anos para cá, isso mudou muito e a pandemia e toda a transformação que estamos tendo neste momento certamente têm influenciado para que essas mudanças sejam cada vez mais significativas e urgentes.

Objetivo da precificação estratégica

- Entender o público para atender suas necessidades de produtos e serviços e cobrar um preço equivalente a esta proposta. Agregando Valor a Precificação.
- Através de uma Estratégia de Precificação mais elaborada, garantir a Rentabilidade da empresa e Evolução do Lucro.
- Oferecer preços competitivos com uma boa prestação de serviços, garantindo o Lucro e Competitividade e aumento da Percepção de Preço (Imagem de Preço).
- A competividade e rentabilidade deverá ser garantida loja a loja, analisando como uma unidade única de negócio.

Objetivo: Garantir Competitividade em relação ao mercado, Rentabilidade para o negócio.
Proporcionar a melhor experiência de compra aos clientes: Precificação Baseada em Valor.

Estratégias/Atividades

As principais atividades para uma precificação estratégica podem ser divididas em:

1) **Precificação com informações sobre valor percebido:**
descobrir o valor que os clientes reconhecem em nossos serviços e produtos e aumentar essa percepção de valor, possibilitando maximizar os lucros e resultados. Falamos bastante do CRM e de sua relação com as estratégias de *pricing* por meio dele e analisando pelo ERP (Sistema Integrado de Gestão Empresarial) ou, de forma mais simples, analisando o cupom, os itens vendidos, preferencialmente por tipo de clientes (segmentação) e considerando análises de *pricing* como elasticidade e demanda de preço (quando abaixo meu preço, aumenta meu volume de vendas e vice-versa), entende-se que ela não funciona para todo tipo de produto, nem todo tipo de cliente. Ou a elasticidade de demanda cruzada. Ex.: quando abaixamos o preço do café, vendemos mais açúcar, falamos bastante acerca do início pelo posicionamento e alinhamento com as es-

tratégias macro da empresa, pois, mediante essas estratégias, pode ser mais interessante baixar também o preço do açúcar e aumentar o giro de ambos, talvez fazer um pack para que o cliente já leve, realmente, os dois produtos; ou pode ser estratégico (e acaba sendo mais comum) quando abaixo o preço do café, manter a melhor rentabilidade no açúcar (perco de um lado e ganho do outro).

2) **Precificação com informações da concorrência:** como já citado, com mais de 15 aplicativos de busca na palma de sua mão, tomado de poder, informação, cada vez mais exigente e empoderado, o cliente está dentro da sua loja, comparando seus preços com seus concorrentes, ou faz isso antes de procurar seu serviço. O *smartphone* revolucionou o acesso do cliente a um número de informações ilimitado e não adianta você brigar quanto a isso. Esqueça aquela precificação baseada em custo + despesas + margem = preço de venda. Já não existe há muito tempo essa possibilidade. A pesquisa de preços é uma ferramenta indispensável e reservamos um capítulo à parte dedicado a ela, logo à frente.

3) **Precificação com informação sobre custo – participação no mix de margem:** Paradas no tempo, muitas empresas ainda calculam seus preços com base na aplicação da margem sobre custos mais impostos. É claro que esse é um princípio básico de precificação, mas somente isso já não funciona mais. Esse princípio permanece a ser utilizado somente depois de uma boa lição de casa. Para otimizar os resultados, é imprescindível olhar para fora (clientes, concorrência, cenário econômico e outros fatores) antes de olhar para dentro e simplesmente aplicar as regras para criar o preço de venda. A definição do mix de margem (margem esperada para cada produto e categoria) deverá ser realizada em conjunto, entre *pricing* e comercial. Aqui, também, a pesquisa de preços, assim como as estratégias de *pricing*, tem um carácter indispensável, apoiando tanto a definição quanto à manutenção

desses resultados, sendo, como já mencionado, o *pricing* o guardião tanto do processo quanto dos resultados.

4) **Estratégias orientadas para o consumidor:**
a questão da shoppercracia, de colocar o *shopper* no centro das tomadas de decisões, que parte desde o GC e aqui não é diferente, é algo crucial para que tenhamos resultados. Falamos muito disso nos capítulos "Comunicação de valor e preço" e "Como conceder menos descontos".

5) **Orientação para a concorrência:**
já ficou evidente pelos tópicos anteriores e falamos bastante a respeito: garantir a competitividade do negócio torna-se uma missão cada vez mais difícil. Pós-pandemia, então, e diante deste mundo cada vez mais V.U.C.A., é uma árdua missão em que só teremos resultados por meio de planejamento e execução de processos bem definidos e estratégicos, conforme a gestão de *pricing* – e quando digo resultado, não me refiro somente a aumento dos lucros, mas também em relação à sobrevivência.

6) **Coordenação interfuncional:**
reforçamos, nos **pilares do *pricing*** e em mais alguns pontos, que este, além do mais dinâmico dos 4 Ps de Marketing, traz a sinergia e o alinhamento entre os demais, para além de reforçar sua relação com as outras áreas.

Todas essas estratégias para chegar, afinal, ao **principal objetivo do *pricing*:**

Ser Competitivo/Trazer Rentabilidade

Essas estratégias, assim como reforçado nos capítulos "Comunicação de valor e preço" e "Como conceder menos descontos", possibilitam-nos, de forma mais dinâmica e assertiva, finalmente chegar ao **preço ótimo**:

Como fica bastante claro na imagem, o preço é somente a ponta do *iceberg*, com uma série de estratégias por trás dele, em que você já está *expert* agora. Partimos das estratégias da empresa, estratégias de marketing e estratégias de GC e elaboramos, em conjunto e subsequência, as estratégias de *pricing*, chegando às táticas de preços e, tão somente e finalmente, ao preço:

Precificação Estratégica: O Preço

O preço é a resposta às perguntas estratégicas do negócio:

- Em que negócio devemos estar? Temos domínio sobre isso?
- Podemos vencer a nossa concorrência neste negócio?
- Os clientes serão atraídos por nossa proposta de valor?
- Qual será nosso diferencial?
- Quem tirará proveito de nossa oferta?
- Qual o valor que os clientes perceberão de nossa oferta e preço regular?
- Podemos extrair a nossa parte do valor entregue e será suficiente?
- Vale a pena criar e entregar essa oferta?
  Se essas perguntas não vão para o núcleo da estratégia de negócios, os resultados não serão os esperados.

Como aplicar a precificação estratégica:

- Precificar de forma a gerar valor para clientes e empresa;
- Desenvolver estratégia de preços diante das estratégias
das categorias;
- Comunicar de forma eficiente preços e ofertas (imagem de preço), buscando assertividade e diferenciação;
- Controlar mercados, concorrência e clientes, e não ser
controlado por esses três elementos;
- Estimar a sensibilidade dos clientes referente a diferentes níveis de preços;
- Instrumentar as ferramentas de decisão necessárias
para medir a performance dos diferentes preços da companhia, otimizar os resultados e maximizar o lucro.

O Preço justo, para o cliente certo, no momento adequado

Os principais benefícios disso são:

- Aumento "sadio" do volume, ou seja, sem queimar margens;
- Rentabilização da categoria;
- Ganho de *market share* (participação de mercado);
- Melhoria na tesouraria (otimização do giro de estoque);
- Competitividade em relação ao mercado;
- Ajuda a formar os preços de maneira assertiva.

E o melhor de tudo:

Proporcionar melhor experiência de compras a seus clientes!

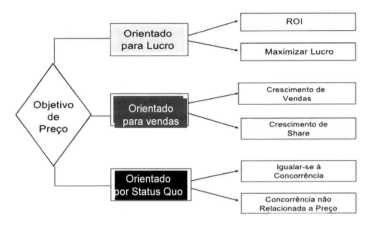

Quando se fala em precificar, devemos ter em mente os principais objetivos da precificação e, alinhados à estratégia definida, otimizar os que mais se adequam e podem contribuir:

- Retorno do investimento;
- Obter share (maior participação do mercado);
- Maximização do lucro (curto ou longo prazo);
- Gerar tráfego;
- Crescimento;
- Estabilização do mercado;
- Manter a liderança de preço;
- Desencorajar a concorrência;
- Acelerar a saída da concorrência;
- Melhorar a imagem da empresa ou seus produtos;
- Criar interesse pelo produto;
- Dar valor ao produto.

Preços nas diferentes fases do ciclo de vida do produto:

Produtos em crescimento: o preço deve estar compatível com as expectativas dos consumidores, sendo uma oportunidade para maior ganho de lucro;

Produtos na maturidade: associar promoções ao preço, para estimular a demanda;

Produtos em declínio: segmentar o mercado, reposicionando o produto para outro público.
É importante perceber o momento e entender a vocação de cada produto, assim como o que o produto significa para o cliente. Mais uma vez, estratégias muito alinhadas ao GC.

Políticas de preço: As chaves do Sucesso

Itens Mais Importantes (KVI, Notáveis, Sensíveis...)
Segundo a Nielsen, os preços mudam conforme o perfil dos produtos que compõem o sortimento. Para itens-chave do mix – chamados de Key Value Items (KVI), ou seja, aqueles de que o consumidor sabe o preço, é preciso ser mais competitivo. Neles, o ideal é acompanhar com maior frequência os valores praticados pela concorrência. A ideia é ajustar rapidamente o preço, pois esses itens têm alto impacto no negócio.
Cada rede utiliza uma nomenclatura (ultranotáveis, hipernotáveis, ultrasensíveis), enfim: são esses os itens que não podemos perder em preços para o concorrente nunca!

Itens Com Alta Elasticidade (KVI Desconto)
Existe um segundo grupo de produtos que são chamados de KVI Desconto. São itens importantes e que têm alta elasticidade (como já detalhado anteriormente), ou seja, respondem rapidamente a alterações de preços.
Eles são chave para capturar volume a partir de descontos, e não por preço regular. É muito importante identificar quais são esses produtos (dos dois grupos citados) e traçar uma estratégia diferenciada, tanto de pesquisa quanto de rápida reação, incluindo estratégias para divulgar da melhor maneira possível esses preços, sempre menores em relação aos do concorrente.

Itens Fundo De Sortimento (FDS)
Há ainda produtos menos importantes na geração de volume e na percepção de preços pelos clientes, chamados de Fundo de Sortimento (FDS). Esses ajudam a rentabilizar o negócio e suportam preços mais altos, uma vez que são menos sensíveis a mudanças de preços.

Para bem avaliar os três grupos, faz-se fundamental a análise das vendas por valor, volume e cupons, assim como avaliar a elasticidade e a demanda.

A partir daí, sairão diversas outras estratégias.

M - Margem – Precificação sistemática
Formação de preço com base no Custo X Margem. 80/20
Revisão Mix Mg: Pesquisa Sortimento + Nielsen

P – Pesquisa Preço Formadores de opinião
Ultra Notáveis: + Importantes Pesquisados: 20/80.
Notáveis: Importantes
+ Definição de itens precificados pela escala de preços.

PP - Primeiro Preço
Produtos com menor preço existente dentro da categoria.
Definição pela Área Comercial / Pricing.
Pesquisa realizada com parâmetro de item com menor preço na categoria.

MP - Marca Própria
Escala de Preços. Garante a margem desejada (exceto ações promocionais).
Definição de Preços mediante Pesquisa de Preço do produto definido como referência (Líder).

Já falamos sobre **preço psicológico**:
Nosso cérebro tende a ler os preços desde os dígitos da esquerda para a direita, com um nível de atenção decrescente, isto é, concentramos apenas nos primeiros dígitos do preço para avaliar a conveniência da compra.

Os preços terminados em "9" vendem cerca de 24% a mais do que os preços arredondados, segundo estudos realizados.

Todos os preços para a **estratégia de itens margem** "M" são terminados em 9, seguindo o critério do modelo abaixo.

Gatilho de preço:
Para evitar a precificação com diferença de centavos – o que, além de não trazer benefícios, só complica a operação da loja –, utilizamos a regra de gatilho de preços, em que alterações de preço com índice inferior a 2% para cima ou 5% para baixo não são efetivadas (regra sistêmica).

Pesquisa tabela de preços:
Quando o fornecedor apresenta uma nova tabela de preços, por meio da pesquisa junto aos principais concorrentes, obtemos a percepção de se este aumento já foi absorvido pelo mercado e qual será o índice de preço com a aplicação desse novo preço.
Mediante essa informação, o Comercial aprova ou não o aumento de tabela.

Pesquisa introdução de novos itens:
Quando cadastrado um novo item, este deve ser pesquisado junto aos concorrentes, visando, desde o início da vida do produto, que seu preço esteja alinhado ao do mercado.

Lembrando que a agilidade de cadastro é importante, afinal, se o item é lançamento e ainda não é encontrado em seus concorrentes, pode se aplicar o preço ideal para seu negócio, sem sofrer influências externas.

Regras de Negócio/Alçadas:
Um ponto ainda fundamental em política de preços é definir as regras de negócio e as alçadas de validação e fazer com que se cumpram as regras. Do tipo:
- Quem são os concorrentes e quais preços serão acompanhados na pesquisa;
- Quem efetiva a validação da pesquisa (*Pricing*/Comercial) e qual o prazo;
- Até quanto (%) acompanharemos os preços dos concorrentes e em quais categorias mais que outras;
- Alinhado ao calendário promocional, quem atuará e em qual prazo: a precificação do tabloide e ações promocionais;
- Qual o nível de controle de demarcação de preços por vencimento e outras.

8. FORMAÇÃO DE PREÇO

Não por acaso, este tópico está no final do livro e se, porventura, você chegou a ele sem passar pelos anteriores, saiba que terá pouca efetividade. Se a ideia for fazer o que já está todo mundo fazendo, é bem pouco provável que sua estratégia de precificação seja duradoura. Mas, enfim, é algo bem importante do processo.

Aplicar a formação de preço de venda é algo simples:

Aplicando-se a fórmula:

$$E_P = \frac{\frac{\Delta Q}{Q}}{\frac{\Delta P}{P}} = \frac{\Delta Q}{Q} \cdot \frac{P}{\Delta P} = \frac{480 - 500}{500} \cdot \frac{10}{10,5 - 10}$$

$$E_P = \frac{-20}{500} \cdot \frac{10}{0,5} = \frac{-200}{250} = -0,80$$

Brincadeira. Calma lá, dá para simplificar.

Existem três metodologias de definição de preço mais utilizadas. A mais tradicional é:

Definição de preços baseada nos custos

Nesta estratégia, a empresa determina o preço de seus produtos aplicando um percentual sobre seus custos, sejam de produção ou aquisição.

O benefício deste método é a facilidade de gestão e a garantia de certa rentabilidade. Porém, ao olharmos apenas para os custos, estamos ignorando todo o ambiente competitivo externo e a percepção de valor pelos clientes.

Por ser o mais tradicional, este método também é o mais utilizado. De acordo com uma pesquisa do Banco Mundial realizada em 2005 com 11 mil empresas, 54% delas ainda seguiam este modelo.

Outra abordagem tradicional:

As empresas estabelecem seus preços com base no preço do mercado (ou da concorrência)

Este método apresenta uma evolução em relação ao anterior, pois a empresa começa a avaliar o mercado antes de definir seus preços. Porém, ao balizarmos os preços com base apenas na concorrência, ficamos reféns de uma política de preços que pode não ser a ideal para nossa empresa. Este método apresenta um risco para a lucratividade caso a empresa comporte-se passivamente em relação ao mercado, o que também poderá gerar uma guerra de preços. A abordagem mais apropriada, conforme outros tópicos aqui apresentados, é aquela em que:

Os preços são definidos de acordo com o valor percebido pelos clientes

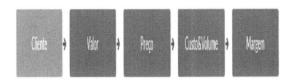

Este método é considerado o mais avançado, por levar em consideração a percepção de valor dos clientes e permitir cobrar pelos produtos um preço que o cliente julgue ser justo e que está disposto a pagar. Produtos com atributos melhores terão preços maiores. Embora este método possibilite para as empresas a maximização de seus resultados, de acordo com a pesquisa realizada pelo Banco Mundial citada acima, apenas 18% das organizações pesquisadas estavam utilizando esta abordagem em 2005. Este é justamente o melhor modelo para a composição do preço de venda para serviços. Uma vez que existem componentes intangíveis que compõem a lista de itens considerados ao precificar alguma coisa, nem sempre é fácil chegar ao preço final.

É indicado para empreendedores que oferecem produtos ou serviços inovadores ou com alguma diferenciação muito relevante.

É útil porque parte de uma lógica bem prática, que direciona o cálculo dos custos unitários a partir da lógica de rateio.

Fonte apoio: Quantiz – Método de Formação de Preço

Composição do preço de venda para serviços

O primeiro passo para descobrir o preço de venda é saber quanto custa produzir seu produto ou serviço.
Para entender melhor, considere:

• **Custos**: um custo é quanto a sua empresa gasta para produzir o que será oferecido aos clientes;
• **Despesas**: uma despesa é quanto a sua empresa gasta para vender um serviço ou produto e, assim, gerar receitas;

- **Lucro**: é o retorno que a sua empresa terá ao vender um produto ou serviço. O lucro é o dinheiro que irá financiar o crescimento do negócio.

Depois que você descobriu o preço de custo, chegou a hora de formar o preço de venda do seu produto ou serviço. Uma característica muito comum em uma empresa prestadora de serviços é, principalmente, ter a maior parte dos custos investidos em mão de obra. Isso é o esperado, já que o que a empresa vende são serviços.

Vamos usar como exemplo uma empresa que faz sites. Imagine que os custos com os profissionais que fazem o site somem R$ 5.000,00; as despesas com impostos, comissões e as despesas fixas proporcionais (água, luz, aluguel, etc.) somem R$ 1.800,00 e a margem de lucro definida seja R$ 1.500,00 (ou 30% sobre os custos). O preço de venda do site seria R$ 8.300,00.

Exemplo de como calcular o quanto cobrar por um produto ou serviço[5]

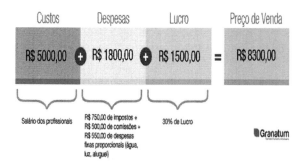

---

5 <http://controlefinanceiro.granatum.com.br/dicas/saiba-quanto-cobrar-pelo-seu-produto-ou-servico/>. Acesso em: 16 jan. 2021.

Pontos importantes a considerar quanto à formação de:

Características específicas: os serviços, diferentemente dos produtos, possuem características especiais que afetam fortemente as estratégias de marketing utilizadas, incluindo o preço. Elas são:
a) **Intangibilidade:** os serviços não podem ser vistos ou tocados. Portanto, muito de seu valor é percebido por meio do preço;
b) **Perecibilidade:** os serviços não podem ser estocados. Assim, não existem custos envolvidos, nem benefícios;
c) **Variabilidade:** os serviços, por mais padronizados que sejam, variam de cliente para cliente por diversos fatores, como o ambiente e o próprio prestador de serviço, dentre outros;
d) **Simultaneidade:** os serviços são entregues no mesmo momento em que são feitos, o que deixa o processo todo mais complicado, pois a precificação feita pode mudar em tempo real.

Definição dos custos (contábil)

Uma opção de cálculo de custo pode ser a soma de todos os seus custos fixos, como:
- o seu pró-labore e o de seus sócios (caso tenha);
- aluguel;
- energia elétrica e água;
- comunicação (telefones e internet);
- contador (honorários);
- propaganda;
- despesas administrativas;
- representação (combustível, estadias, etc.).

Por meio dessa soma, dividida por 176h (22 dias x 8 horas), você terá o custo/hora da sua empresa.
Para realizar a elaboração do custo do serviço:
- tempo gasto no serviço x o custo/hora obtido;
- custos varáveis de terceiros de cada serviço realizado.

Para formar o preço de venda do serviço:
- PV = custo x índice

- Cálculo do índice = (1/(100% - (% imposto + % comissão + % margem de lucro desejada)))

Fonte: Jorge Luiz da Rocha Pereira (Consultor Sebrae-SP).

Ponto de equilíbrio

O ponto de equilíbrio é o valor exato no balanço financeiro de uma empresa em que o montante da receita cobre os custos fixos e variáveis. Em inglês, este valor é conhecido como *break even point*.

Ao se calcular o ponto de equilíbrio/*break even*, o empresário terá em mãos o valor exato do montante de receita que precisará atingir para cobrir o total de custos incorridos na produção e comercialização de seus produtos e serviços.

Levando em conta esse conceito, é correto concluir que, no ponto de equilíbrio, os lucros são nulos; se a quantidade de vendas superar esse ponto, a empresa obterá lucro, mas se as vendas forem inferiores ao ponto, ocorrerá – com certeza – prejuízo.

Ponto de equilíbrio[6]: cálculo

Para exemplificar, considere uma empresa contábil que possui os custos fixos totais de R$ 60 mil reais (inclusos os salários) e 12% de impostos sobre o faturamento.

Uma simples conta mostra que faturar R$ 68.181,82 é suficiente para cobrir todos os custos. Se o faturamento médio mensal da empresa for de R$ 100 mil, a margem de segurança será maior que 30%, ou seja, não haverá prejuízo se perder clientes ou o faturamento for reduzido em até 31,82% ((100.000,00 - 68.181,82)/100.000,00).

Segue a demonstração do cálculo do Ponto de Equilíbrio:

PE = CT / (100% - CV), onde: CT = Custos Totais, CV = Custos Variáveis)

PE = 60.000,00 / (100% - 12%) = 68.181,82

Segue a demonstração do cálculo do Ponto de Equilíbrio:

PE = CT / (100% - CV), onde: CT = Custos Totais, CV = Custos Variáveis)

PE = 60.000,00 / (100% - 12%) = 68.181,82

---

[6] Fonte: <http://www.portaldecontabilidade.com.br/tematicas/conhecer-o-ponto-de-equilibrio.htm>. Acesso em: 16 jan. 2021.

Tipos de elasticidade e demanda

Inelástica: a quantidade demandada não responde com muita intensidade a alterações nos preços (EPD < 1);
Elástica: a quantidade demandada responde com muita intensidade a alterações nos preços (EPD > 1);
Unitária: a quantidade demandada muda na mesma proporção em que o preço se altera (EPD = 1). Ex.: um aumento de 22% no preço leva a uma diminuição da quantidade demandada de 22%;
Perfeitamente inelástica: a quantidade demandada não muda se houver uma alteração nos preços;
Perfeitamente elástica: a quantidade demandada muda infinitamente com uma alteração nos preços.
EPD = Elasticidade Preço da Demanda

É importante avaliar aspectos como a sazonalidade e analisar o preço definido inicialmente e os custos variáveis. Esses custos englobam todos os componentes necessários para a logística e a manutenção dos produtos, desde combustível até dissídio dos funcionários, dentre outros.

Prioridades na estruturação da área de *pricing*

- Estruturação da equipe de *pricing* e pesquisadores;
- Saneamento do cadastro: ajustar árvore mercadológica, descrição de produto, associação de produtos similares (fragrância, sabor, cor);
- Análise CRM, cupons e informações disponíveis, identificar perfil de clientes, lojas e produtos/serviço, definição de concorrentes;
- Alinhamento das diretrizes macro da companhia às estratégias comerciais e de *pricing*;
- Alinhamento das estratégias categorias (GC) e *pricing*;
- Definição de políticas de *pricing*;
- Definição de regras de negócio/alçadas;
- Definição da lista de itens pesquisados (sensibilidade) e modelo de pesquisas;
- Definição de cluster (agrupamento) de lojas;

Indicadores de competitividade e rentabilidade

Um dos pontos, se não "o ponto mais importante" em gestão de preços e rentabilidade é o desenvolvimento de indicadores.

Somente dessa forma é possível acompanhar, de maneira objetiva e eficiente, se tudo o que foi planejado está de acordo, assim como identificar as oportunidades de melhorias, ganho de margem, competitividade, performance de vendas e demais resultados.

Principais indicadores mensuráveis:

- Competitividade em relação ao mercado;
- Margem comercial (percentual e valor);
- Market share (participação de mercado);
- Giro de estoque/tesouraria em dias;
- Ruptura;
- EBTIDA (lucros antes de juros, impostos, depreciação e amortização).

Mídias externas (tabloide/revista/TV/jornal):
- Venda/margem/participação/ranking lojas.

Campanhas sazonais:
- Venda/margem/participação/ranking lojas.

Concorrência: mídias externas/sazonais/preços de anúncio
- Benchmarking/oportunidades.

Precificação dinâmica

Falamos do mundo cada vez mais V.U.C.A. e, com tamanha volatilidade, fica cada vez mais difícil, em especial se quiser ter resultados satisfatórios, não considerar uma precificação dinâmica. O perfil dos clientes, sua jornada, cenário econômico, demanda de produtos e, principalmente, estratégias de mercado e seus concorrentes mudam o tempo todo e cada vez mais rápido; faz-se indispensável uma estratégia de precificação que permita que os valores praticados e as ofertas sejam alterados com a mesma rapidez e flexibilidade, o que também favorece a margem de contribuição ideal em um cenário como este, que seria caótico sem uma gestão estratégica.

9. SOLUÇÕES DE PRECIFICAÇÃO & PESQUISA DE PREÇO

Se você pratica o comércio eletrônico, será indispensável uma ferramenta de inteligência de precificação frente à dinâmica, podemos dizer, frenética do negócio e da concorrência. Se for um negócio físico, você ainda pode sobreviver algum tempo sem, porém com os dias, ou melhor, os meses contados.

Monitorar a concorrência, garantir competitividade e rentabilidade, assim como o preço justo, hoje já é praticamente impossível sem uma ferramenta de inteligência de precificação. Alguns dos melhores ERPs (Sistema Integrado de Gestão Empresarial) já têm disponível tal solução.

Para complementar a visão e falar de soluções acessíveis, assim como das principais estratégias, convidei alguns dos principais executivos de empresas de pesquisa de preços e soluções de precificação no mercado para contribuir a respeito:

Metodologia DMAIC aplicada em pricing

Por Marcelo Krybus e Tiago Martin*

Empresas, de uma forma geral, estão (ou deveriam estar) sempre em busca de melhorias de seus processos. Com os processos de *pricing*, isso não é diferente. Sempre há espaço para melhorias, ajustes ou, simplesmente, adaptações às mudanças organizacionais e novas necessidades da empresa. Uma das formas de conduzir a identificação e a melhoria dos processos é por meio do método DMAIC.

DMAIC é um método de trabalho muito utilizado na Seis Sigma (metodologia para análise de qualidade e processos surgida com a Motorola na década de 1980). A sigla vem de uma abreviação de suas etapas de trabalho (*Define, Measure, Analyse, Improve, Control,* ou seja, Definir, Medir, Analisar, Melhorar e Controlar), com passos bem definidos, buscando a resolução de problemas de forma estruturada e com foco na melhoria contínua. Sendo um método similar ao PDCA, utiliza ferramentas estatísticas para monitorar e controlar a qualidade do processo.

Na Quantiz Pricing Solutions, consultoria especializada em *pricing*, utilizamos o método DMAIC de uma forma adaptada para o desenvolvimento de seus projetos. Acreditamos que isso facilita a divisão de atividades que precisam ser desenvolvidas, com boa disciplina e mantendo o foco e a qualidade de entrega nos objetivos da etapa. Algumas vezes, deparamo-nos com questionamentos sobre a metodologia ágil. O principal ponto de discussão é que, muitas vezes, as empresas mais tradicionais não estão preparadas para trabalhar seguindo a metodologia ágil. Quando percebemos que é possível, fazemos adaptações para deixar as atividades e as entregas em um formato, de certa forma, adaptado ao ágil, mas, ainda assim, seguindo as etapas do DMAIC.

Detalhando melhor as etapas do método, seguem abaixo as principais atividades, os desafios, entregáveis e benefícios, sempre pensando sob a perspectiva de boas práticas de *pricing* e como a Quantiz aplica esses conceitos.

Práticas de pricing aplicadas pela Quantiz Pricing Solutions

Definir: nesta etapa, são alinhados os objetivos, o escopo e as expectativas de uma iniciativa de *pricing*. É feito o mapeamento de todos os processos relacionados ao tema trabalhado, identificando os principais pontos de atenção e melhorias. O que se busca é o entendimento do negócio e suas particularidades e a forma como o *pricing* é gerenciado. Nesta etapa, também é definido o cronograma do projeto, com as principais datas de validações, e desenvolvido o project charter, que é um documento dando clareza, de forma resumida, de prazos, objetivo e escopo do trabalho, que ajuda a controlar a ansiedade dos envolvidos. Por último, são identificados, de forma macro, os principais dados necessários/disponíveis para a realização das próximas etapas.

Medição: nesta etapa, é feito o levantamento qualitativo dos possíveis problemas ou pontos de melhoria. Este mapeamento é realizado por meio de entrevistas em profundidade com as áreas que impactam ou são impactadas diretamente por *pricing*. Dessa forma, é imprescindível fazer entrevistas, por exemplo, com pessoas das áreas de marketing e comercial. Além disso, para garantir o alinhamento com a alta liderança, deve-se incluí-la na lista de entrevistados, adaptando as perguntas de acordo com o nível e a atividade desempenhada por cada um. Além de identificar pontos importantes sob a perspectiva individual de cada entrevistado, essas entrevistas ajudam muito no engajamento e no senso de importância sobre o tema.

Também são realizadas entrevistas em profundidade com clientes para entender as principais oportunidades de melhorias. Ao final desta etapa, ficam muito claros, de forma geral, os pontos fortes e fracos, as oportunidades e ameaças e, de forma mais específica, as principais oportunidades em *pricing*.

Análise: nesta etapa do método, é o momento de testar e confirmar ou não as hipóteses levantadas nas etapas anteriores e entender qual o motivo de haver, caso exista, uma dispersão de preços, por exemplo. Ou seja, entender em função do que o preço varia. Há diferença de preços por canal? Região? Segmento de cliente? Se não, não faz sentido ter diferença? Se há diferença, essa diferenciação de preço pode ser explicada? É justificável? Como os dados mostram o comportamento de compras dos clientes? Há comportamentos que poderiam ser incentivados? Essas são algumas das perguntas que buscamos responder com base nas análises dos dados. Para isso, são usados dados históricos transacionais, dados de pesquisas e todo tipo de informação disponível. É uma etapa para comprovar ou não os problemas e as oportunidades citados na medição, com base em fatos e dados.

Após a finalização da etapa de análises, concluímos o diagnóstico da situação. Mapeamos os processos, levantamos as oportunidades qualitativas e quantitativas, finalizando o diagnóstico com uma lista de oportunidades para serem priorizadas e desenvolvidas. Nessas oportunidades podem estar, por exemplo, necessidade de criação ou melhoria da política comercial ou da política de descontos, segmentação de clientes com foco em *pricing*, revisão das tabelas de preços e posicionamentos, regionalização, coleta de preços de ponta, política de alçadas e política promocional, dentre outras muitas possíveis oportunidades.

Uma vez definidas as oportunidades que serão desenvolvidas, devem ser delineados os times e os líderes de cada frente, para, então, dar início às reuniões de trabalho. A próxima etapa do método é o "I" (improve, melhorar). Na Quantiz, para deixar o trabalho ainda mais didático, fazemos uma pequena adaptação e criamos outro "I", de implementação.

Dessa forma, definimos que as próximas etapas são "I" de inovação ou melhorar, "I" de implementação e "C" de controlar.

Inovação: esta é a etapa em que as soluções são criadas e desenvolvidas. Idealmente, devem fazer parte do grupo de trabalho profissionais das diversas áreas impactadas, como marketing, finanças e comercial, visto que *pricing* é um tema multidisciplinar e a construção de soluções em conjunto certamente contribui para a criação e a implementação pelo envolvimento de todas as áreas. Dessa forma, o grupo de trabalho que irá desenvolver uma política comercial ou política de descontos, por exemplo, deverá discutir e definir os descontos que fazem sentido para o negócio e que estejam alinhados com o direcionamento estratégico da companhia, as contrapartidas necessárias para o recebimento de descontos ou condições diferenciadas (por exemplo, faixas de volume para obtenção de descontos), o valor do benefício, a forma da concessão do benefício, se via desconto, bonificação ou rebate, como será apurado o atingimento ou não das faixas, como tratar exceções, a política de alçada de aprovações, dentre muitos outros detalhes e especificidades de cada negócio. Uma vez que todos os pontos da oportunidade foram definidos e o desenvolvimento teórico concluído, é o momento de fazer uma simulação e entender os impactos que isso trará para o negócio, idealmente olhando no detalhe os impactos cliente a cliente, produto a produto e, se necessário, fazer ajustes na solução.

Implementação: terminada a fase de inovação, é o momento de partir para a implementação de fato. Nesta etapa, serão detalhados todos os requisitos para realizar a implementação, como, por exemplo:

- ajustes sistêmicos com desenho de um *blue print*;
- acompanhamento e teste das alterações em sistemas;
- plano de comunicação interno e de mercado, se necessário;
- treinamento com equipes impactadas e, principalmente, treinamento da equipe comercial;
- desenvolvimento de matriz de riscos com plano de mitigação e contingência e acompanhamento dos impactos da mudança.

Esta etapa exige muita atenção, pois a mudança, em um primeiro momento, geralmente possui resistências. O ideal é montar um plano de change management, com comunicação clara de motivadores da mudança, pontos de atenção, benefícios e o que a mudança impacta no dia a dia de cada um. O bjetivo é fazer com que as pessoas envolvidas estejam mais receptivas, treinadas para as alterações que virão. Dependendo da alteração, surgirão questionamentos dos clientes e a área comercial deve estar preparada para responder de forma clara e objetiva; dependendo do tamanho das mudanças e da aversão ao risco da empresa, pode ser recomendado realizar um piloto em uma área específica, para identificar as principais dificuldades e os aprendizados e, na sequência, fazer a implementação nacional.

Controle: esta é a última etapa do método e, como o nome diz, é a etapa em que é medido o andamento do projeto, se necessita ajuste, se há algum ponto de atenção. Uma forma muito comum e prática é o acompanhamento por meio de um dashboard com os principais indicadores de *pricing* e relacionados às mudanças realizadas.

Considerando o exemplo citado, do desenvolvimento de uma política comercial, poderiam ser controlados indicadores de aderência da política comercial, quantidade de vendas fora da política ou que precisaram de aprovações superiores, aumento do volume ou mix (se esses forem objetivos estratégicos para o negócio e tiverem sido implementados incentivos para fomentar esses comportamentos, rentabilidade das negociações e clientes, etc.). Idealmente, esse dashboard deve ser desenvolvido em algum *software* que esteja conectado em sistemas, para que todas as informações sejam atualizadas em real time. Por último, deve ser garantida a passagem de conhecimento para a área e profissionais responsáveis para seguir com esse acompanhamento.

Pricing é um tema muito complexo e multidisciplinar. O DMAIC é apenas um dos métodos disponíveis para facilitar o desenvolvimento do trabalho. Independentemente do método, é muito importante que haja pessoas dedicadas ao tema, com alguma autonomia para direcionar ou barrar ações, com conhecimento do negócio e de *pricing* para ser o guardião dos preços. Por último, sem o apoio da alta liderança no tema, as iniciativas vão acabar perdendo força e perdendo credibilidade.

Desenvolvimento de uma boa gestão de *pricing* não é algo simples e nem rápido. Não é uma corrida de 100 metros, é uma maratona, e exige muito foco, apoio e resiliência para que a empresa mude a cultura e os resultados comecem a aparecer.

Fazendo pricing nas indústrias

Marcelo Krybus e Tiago Martin

A precificação de indústrias tem desafios distintos em relação à precificação para o varejo. Os clientes da indústria, em sua maioria, fazem compras mais racionais, pois o aspecto financeiro é relevante. É necessário o vendedor da indústria apresentar os benefícios de seus produtos para efetivar a venda, por exemplo: o produto pode gerar ao cliente maior giro, margem de venda ou eficiência produtiva. Outro fator que diferencia a precificação de indústrias é o tempo para fazer movimentações de preço. Enquanto no varejo fazer uma alteração de preço é rápido, na indústria, o processo é mais moroso, pois, muitas vezes, é necessário avisar os clientes das alterações de preço com semanas de antecedência.

Neste capítulo, serão abordados os quatro pilares da precificação da indústria de forma resumida:

1. **Formação de Preço**
Como no varejo, alguns tópicos são semelhantes na precificação de indústrias:
 • Métodos de formação de preço
As formas para a formação de preço são baseadas em três dimensões:
 • Custo (cost-plus): aplicação de uma margem sobre o custo de fabricação;
 • Concorrência: definição de posicionamento de preço em comparação aos principais concorrentes;
 • Valor percebido (cliente): avaliação da predisposição dos clientes a pagar, valorizando os diferenciais do produto.
 • Regionalização de preço: muitas indústrias, ainda hoje, diferenciam seus preços entre regiões pela diversidade de carga tributária existente no Brasil. Porém, é recomendado também avaliar características regionais para diferenciar preços, por exemplo, participação de mercado, competidores regionais, nível de renda da região, dentre outros.

- Segmentação de clientes: esta é uma das principais ferramentas de pricing. Algumas indústrias utilizam esta ferramenta para diferenciar preços entre clientes por algumas variáveis, tais como: potencial de compra do cliente, perfil de compra (portfólio mais amplo e rico) e nível de necessidade do produto.

O desafio adicional na precificação da indústria é o posicionamento entre os diferentes canais de venda utilizados pela indústria. Faz-se necessário avaliar como o posicionamento de preços definido estrategicamente pela equipe de marketing e pricing irá chegar aos compradores do produto. Para isso, é importante a indústria ter bem claros o papel e os objetivos de cada canal de vendas e avaliar quais são as margens praticadas pelos intermediários para, assim, definir o preço de venda sell in e evitar conflitos indesejados entre canais.

Por exemplo, caso alguma indústria tenha pouca capacidade de distribuição de produtos, dependerá de distribuidores ou atacadistas para escoar seus produtos. Esta mesma indústria pode vender para médios e grandes varejos. Vale lembrar que a indústria é proibida a obrigar seus clientes a estabelecer determinado preço, por isso, deve-se ter todo um racional para atingir ao objetivo de preço na ponta e acompanhar constantemente os preços praticados pelos varejistas.

2. **Política comercial (política de descontos)**

Para garantir a execução de preços definida, é recomendado à indústria ter uma política comercial estabelecida, com o objetivo de definir os descontos a serem concedidos atrelando contrapartidas. Assim, os principais objetivos de uma política comercial são:

- a indústria poder influenciar o comportamento de compra dos clientes, alinhando-o com sua estratégia;
- gerar relação de ganha-ganha com clientes;
- dar maior agilidade e autonomia nas negociações para a equipe comercial;
- concessão de descontos não baseada na relação interpessoal entre vendedor e cliente.

Alguns exemplos de contrapartidas para a concessão de descontos pelas indústrias são: volume de compra, portfólio adquirido, pedidos no início do mês, regularidade de compra, entre outros.

3. Processos & governança

Por *pricing* ser um tema multidisciplinar, é importante ter processos estabelecidos com papéis e responsabilidades bem definidos na empresa. Por exemplo, na formação de preço para lançamentos, é necessário determinar em que momento o *pricing* deve interagir com a equipe de marketing para precificar o produto. Outros processos em que o *pricing* deve se envolver com participação de outras áreas (vendas, marketing, finanças) são:

- alteração de preço de tabela;
- definição/revisão da política comercial;
- campanhas de descontos.

Recomenda-se ter uma área de *pricing* para liderar as atividades do assunto, a fim de que os processos funcionem da melhor forma. Para a governança de *pricing*, é preciso a indústria definir a área de reporte desta área (vendas, marketing ou finanças), a quantidade de recursos necessários e a organização da empresa, pensando em sinergias entre unidades de negócio ou até mesmo regiões.

4. Controle & comitê

Para a área de *pricing*, é importante ter um painel de controle com todas as informações relevantes para a tomada de decisão. Na indústria, além de indicadores de nível de competitividade, controle de volume, margem e outros indicadores internos, é importante fazer o monitoramento de outros KPIs:

- dispersão de preços;
- aderência à política comercial;
- controle de exceções;
- evolução de preço e margem;
- evolução de mix de produtos vendidos.

É recomendado que, de tempos em tempos, seja executado o comitê de preços para serem discutidas as oportunidades de *pricing* com os principais *stakeholders*. Para essa agenda, o responsável de *pricing* deve fazer um levantamento prévio dos temas a serem debatidos nessa reunião. É importante definir os próximos passos ao finalizar a reunião e acompanhar a execução das decisões.

Como no varejo, o *pricing* nas indústrias necessita de foco, disciplina, controle, apoio da alta liderança, muita resiliência e parceria com as diversas áreas da empresa. Vale lembrar que a indústria deve estar preparada para reações rápidas de preço, dado o dinamismo do mercado e que decisões visando ao curto prazo podem destruir a credibilidade e a sustentabilidade das estratégias de *pricing*. Não é uma corrida de 100 metros, mas, sim, uma maratona, em que a preparação, o foco e a consistência são essenciais.

Certificação de pricing

A certificação de *pricing* mais tradicional, reconhecida globalmente e que oferece melhor conteúdo, é disponibilizada pela Professional Pricing Society (PPS). O *Certified Pricing Professional* (CPP) tem como objetivo formar profissionais de *pricing* por meio de teorias e boas práticas lecionadas pelos principais "gurus" da área. Desde 2003, mais de 4.000 pessoas obtiveram a certificação. O CPP tem a equivalência de um título profissional, assim como outras áreas possuem outros títulos, como, por exemplo, para contabilidade há o título de CFA.

Alguns temas abordados ao longo do curso são:
* estratégias e táticas para *pricing*;
* definição de preço para lançamentos;
* boas práticas para desenvolvimento de política comercial (gerenciamento de descontos);
* segmentação de clientes;
* influência psicológica na aceitação de preços;
* governança de *pricing* nas empresas.

Não há nenhum pré-requisito para a certificação, que é totalmente *on-line* e *on demand*, ou seja, é possível avançar na velocidade desejada sem a necessidade de deslocamentos. É importante ressaltar que não há um prazo para finalização após a aquisição pela PPS, mas que a média da conclusão da certificação é entre seis meses e um ano.

O curso é dividido em três grandes partes:
1. **Módulos elegíveis**: é necessário completar seis módulos de diferentes níveis. Cada módulo tem, em média, três horas de videoaulas e, no final, há um teste para avaliar o conhecimento obtido;

2. **Módulo preparatório para o exame final:** este módulo é dividido em 11 partes, com duração total aproximada de seis horas. Este grande módulo cobre os principais assuntos que um profissional deve saber para conduzir atividades de *pricing*;
3. **Exame final:** para obter o diploma, é necessário ter, pelo menos, 70% de acerto em uma prova de 100 questões de múltipla escolha. A prova é feita de forma remota e tem duração máxima de quatro horas.

Atualmente, no Brasil, são disponibilizados alguns cursos e treinamentos de *pricing*, mas sem certificação ou reconhecimento relevante. O grande benefício de obter o CPP é o aprofundamento em diferentes temas de *pricing*, que pode ajudar os profissionais que almejam se especializar no assunto. Além disso, o CPP traz um diferencial no *curriculum*, já que pode ser um fator de escolha na decisão de candidatos para vagas de *pricing*.

*Marcelo Krybus e Tiago Martin são sócios da Quantiz Pricing Solutions

Inteligência e tecnologia de preços – InfoPrice

Por Paulo Garcia*

A InfoPrice é uma das maiores empresas que têm como foco principal a inteligência de preços como um todo. A organização acredita em um varejo físico cada vez mais eficiente, competitivo e digital e auxilia os varejistas neste desafio, por meio da jornada de precificação inteligente. Desde 2013 produzindo tecnologias disruptivas para o varejo, a empresa ganhou um novo patamar em 2020, fechando sua linha de soluções com o lançamento de seu software de precificação automática. Olhando com cuidado cada um dos processos de gestão de preço, é fácil perceber uma gama de oportunidades de uso de tecnologia para a construção de atalhos, que não sacrificam o cuidado e a atenção aos detalhes, mas geram um ambiente de melhor resultado com menor esforço.

Falando de uma forma rápida e direta: a InfoPrice acredita que, com o uso inteligente da tecnologia na gestão de preços, pode-se vender **mais e melhor**.

Hoje em dia, quando queremos ir a algum lugar na cidade, buscamos por um mapa que nos mostra não somente como as ruas funcionam, mas também os caminhos mais rápidos e menos complexos para seguirmos. Da mesma forma, quando queremos encontrar atalhos que gerem eficiência, precisamos entender muito bem todo o ecossistema e onde as oportunidades se encontram.

Pode parecer óbvio dizer que o varejo tem como principal função conectar os produtos da indústria com o consumidor, mas é a existência do papel importante de um intermediário, a ponte com os consumidores, que faz ser necessário ter a noção de que o preço precisa ser pensado não uma, mas duas vezes no caminho que o produto toma. Precificação é estratégia pura!

Na interação indústria-varejo, a negociação é a chave principal do preço para os dois lados. Enquanto para a indústria a principal arrecadação de receita encontra-se aqui, para o varejo é uma das principais fontes de custo. Em uma visão centrada no resultado, **quanto melhor a negociação, melhor é a margem arrecadada**. Na interação varejo-consumidor, a chave principal está na definição de preço. O consumidor, após todas as suas tomadas de decisão, estará escolhendo você (ou não) baseado no preço definido. Da mesma forma, podemos afirmar que **quanto melhor é a precificação, melhor é a venda**.

Discutir a ordem dessas interações é como discutir se quem veio primeiro foi o ovo ou a galinha e só serve para dar um nó no nosso cérebro. O melhor a se fazer com essa informação é reconhecer onde existe espaço para uma ação direta de melhoria que afete toda essa cadeia. Se melhores margens e melhores vendas devem ser vistas como consequências, então a negociação e a precificação, como causas, tornam-se os espaços mais sólidos de tomada de decisão direta.

Mas como se começa a abrir atalhos?

Precificação é um desafio matemático complexo por natureza e sua boa execução só é possível por meio de processos estruturados amparados por tecnologia. Podemos quebrar esse desafio em quatro etapas: **monitoramento de mercado, mapeamento de oportunidades, gestão automática de preços e algoritmos de otimização**. Ao longo dos próximos parágrafos, vamos avaliar um pouco mais cada etapa e o tipo de solução melhor conectada com a necessidade levantada.

Etapas da Precificação

- 1. Monitoramento de mercado
- 2. Mapeamento de oportunidades
- 3. Gestão automática de preços
- 4. Algoritmos de Otimização

Olhando o mercado

O varejista, neste estágio, já consegue obter informações do mercado para agregar em suas decisões. Com mais informações, é possível pensar em algumas estratégias parapoder chegar a uma precificação que traga mais resultados ou ter melhores ferramentas para uma negociação mais assertiva. O processo de precificar e negociar exige, em primeiro lugar, dados confiáveis para tomada de decisão.

Por muito tempo, conhecer os preços de um concorrente exigia treinamento de equipe própria, diversas dificuldades com o controle de qualidade da pesquisa e uma pranchetinha chamativa nos corredores da loja da esquina. Mas, cada vez mais, a tecnologia abriu portas para uma pesquisa mais rápida, ágil e, especialmente, precisa.

O InfoPrice Survey Analytics utiliza diferentes modelos de coleta de dados nos pontos de venda, dentre outras fontes, para garantir confiança nas informações pesquisadas e agregadas.

Funcionando como o produto com mais tempo de casa da empresa, a InfoPrice disponibiliza sua pesquisa e monitoramento de preços em PDV para o varejo há mais de sete anos. Em sua "pesquisa automática", usa de um hardware próprio, uma caixinha que cabe na mão do pesquisador, que simula códigos de barra e agiliza pesquisas feitas nos terminais de consulta das lojas. Mas como somente o preço nem sempre é o bastante para as decisões mais acertadas, a solução também apresenta pesquisas diretas em gôndola e um modelo híbrido, que une os dois modos de coleta de dados de acordo com os preços que mostrem necessidade de ser avaliados de forma mais minuciosa.

Hardware da InfoPrice para pesquisa e monitoramento

Como sabemos, nem todo varejista está com sua concorrência mapeada o bastante ou com uma listagem de produtos a ser monitorados completamente definida. Reconhecendo que é preciso uma maneira ágil e de menor investimento de tempo e dinheiro para manter algum grau de monitoramento, a InfoPrice disponibilizou um serviço único, com dados agregados de preço do País todo vindo de diversas fontes. O **InfoPainel** é um verdadeiro farol de preços. Com dados divididos em região, Estados e municípios, o painel agrega preços médios, mínimos e máximos, além de trazer outros tipos de análises a um baixo custo.

Com uma quantidade tão grande de dados, é importante visualizar como tomar decisões de acordo com o que se possui.

Traduzindo dados em estratégia

Com tantas informações, o varejista precisa cruzar todos os dados e traduzir em decisões. As informações internas e da concorrência precisam ser consolidadas para que *insights* estratégicos possam ser gerados. De nada adianta o varejo colher uma penca de dados e guardar dentro de uma cesta os ingredientes que deveriam servir para fazer o bolo. É dessa forma que a solução **InfoPrice Retail Analytics** surgiu. Melhores negociações e melhores preços podem não ser feitos com uma receita de bolo, mas, com ajuda de tecnologia, podem receber melhor direcionamento. Afinal de contas, ninguém merece um cliente saindo insatisfeito da loja por ruptura de gôndola e falta de produto na prateleira.

A solução funciona por meio de tecnologias Big Data, conduzindo todos os dados disponíveis, sejam internos ou externos, a análises que garantem a saúde do negócio em estoque, margem, competitividade e muitos outros aspectos.

Quando o mapa e a bússola da sua decisão estão bem alinhados, chegar ao objetivo é o próximo passo.

Automatizando o processo

Com um número cada vez mais crescente de dados e uma noção clara sobre onde e como seu negócio tem possibilidades de crescimento, agora é necessário criar regras e definir parâmetros para possibilitar que todos os seus produtos estejam com os preços certos nas datas certas. Neste estágio, você possui uma ferramenta que faz a gestão dos seus preços.

Embora *softwares* de precificação não sejam novidade no mercado varejista, pouco a pouco vemos como mais pessoas buscam por soluções que se integrem de forma natural às outras etapas do processo.

O **Intelligent Price Action** é o mais novo *software* de precificação da InfoPrice. Apesar de adotar informações e dados de suas soluções anteriores, não há um pré-requisito de outros serviços ou soluções para ser utilizado. Mesmo assim, seu melhor esforço com as demais etapas é, enfim, recompensado com um *software* que define preços de forma automática, baseado em regras de negócio pré-definidas.

O IPA faz com que a estratégia de precificação seja traduzida na gôndola, de forma eficiente e automática. Poupa trabalho operacional do time de gestão, para que esse possa focar mais em estratégia, e garante o melhor preço no tempo correto, para que o varejista possa vender sempre mais e melhor.

Usando algoritmos para otimizar o preço

Por fim, o último estágio consiste em utilizar **inteligência artificial**, que é capaz de processar uma quantidade imensa de dados ao mesmo tempo, para extrair o preço ideal de um determinado produto. Essa etapa também se encontra por meio de softwares e algoritmos de precificação. E é o grande passo final planejado pela InfoPrice para os próximos momentos, completando o ciclo, levando diretamente ao seu objetivo, como um piloto automático.

Após anos de estudo e aperfeiçoamento, a InfoPrice construiu não somente ferramentas, mas uma equipe treinada e preparada para levar cada varejista em um caminho ao longo de cada uma das etapas. Não à toa, a visão da empresa não é somente de uma auxiliadora na precificação do varejo físico, mas de uma educadora no mundo da precificação inteligente.

Você pode conhecer mais sobre as soluções que a empresa traz em https://infoprice.co ou acessando a página do LinkedIn.

*Paulo Garcia é
CEO e fundador da Infoprice

PesquiseJá

Por Fernando Menezes*

A PesquiseJá é uma empresa de pesquisa e soluções mercadológicas com foco no varejo e na indústria. Somos a 10ª instituição de pesquisa do País pelo *ranking* da Associação Brasileira de Empresas de Pesquisa (Abep), com cobertura nacional e presente na América Latina e na Europa. Dentro do portfólio da organização, temos uma solução de *pricing* estratégico, composto por uma solução *web* de análise de mercado e precificação com um BI agregado com inputs de dados de várias fontes e com visões pré-formatadas que ajudam nossos clientes nas decisões granulares, com foco na visão de mercado e como devem alinhar e/ou realinhar suas estratégias, sendo o mercado uma referência, bem como os *inputs* dos *shoppers* e suas experiências e percepções.

Nossa ferramenta possui uma construção com inteligência artificial que nos sinaliza o preço ótimo com parâmetros pré-definidos e, com a ajuda dos algoritmos, conseguimos entregar o melhor posicionamento de preços, com a garantia de aumento de margem de contribuição alinhada às estratégias por departamento, por categoria e no detalhe do item, se necessário.

A solução de *pricing* possui três pilares principais: mercado geral, *clusters* e *shoppers*.
Alguns indicadores-padrão são importantíssimos para a construção desses pilares, como, por exemplo:
- índice de competitividade;
- % de itens + baratos e com mesmo preço;
- análise por item e família;
- preços psicológicos;
- ofensores de competitividade;
- comportamento de preços por categoria;
- mapas de calor e por fornecedor;

- estudos granulares de rentabilidade e composição de margem;
- comparativos por cluster, cestas de pesquisa, concorrentes, etc.

Estamos falando de sete níveis de informações que se dividem em mais de 30 análises por item, trazendo um mapeamento granular do mercado sempre comparado por loja/bandeira/cliente e o que entendemos ser o mais relevante: cruzando as informações dos *shoppers* da bandeira contratante, bem como dos *shoppers* dos concorrentes.

Vale ressaltar que, por trás de qualquer solução de precificação, outros elementos são importantes para chegarmos até o momento e ao uso de qualquer ferramenta de precificação, seja a mais simples ou a mais complexa.

Etapas da solução de precificação
Um passo antes das soluções de *pricing*

- **Entendimento do cliente e concorrentes**

    Quem são os nossos clientes e o que valorizam?
Segmento de clientes; Como eles tomam decisões de compra; Quais são os principais atributos e categorias-chave; com quais concorretnes eles nos comparam?; Qual cé o posicionamento de preços dos nossos concorrentes?

- **Proposta de valor parao cliente-alvo**

    Quais será oas nossas fortalezas em relação aos nossos concorrentes?
Preço; Promoção; Sortimento e Serviço

- **Papel das categorias?**

    Qual será o papel estratégico das categorias com base no cliente-alvo?
Destino, Tráfego ou rotina; Conveniência; Sazonal

- **Estratégia de execução - preços e promoção**
  Definição dos parâmetros estratégicos para definição dos preços:
  Concorrente e *clusters* de preços; Sensibilidade dos produtos por categoria; Frequência de pesquisas; Composição de produtos promocionais; Posicionamento de preços por categoria; arquitetura de marcas, Associação de produtos, Margem objetiva.

- **Negociações**

  Esses tópicos ou questões devem ser tratados com um *owner* do projeto em que nós, do PesquiseJá, sempre gostamos de envolver o CEO como principal *stakeholder*.

  Seguindo com o granular da nossa ferramenta de precificação, outros elementos também fazem parte das visões, como, por exemplo, a definição das regras de precificação, inputs do mercado e o estudo dos ofensores de competitividade, onde entendemos quais produtos e/ou fornecedores, por bandeira/praça, agridem a estratégia definida.

  Outro braço importante neste estudo são alguns índices de competitividade: chegamos até o 5º nível, onde entendemos a estratégia dos concorrentes e atuamos nas fraquezas ou nos atos-falhos contínuos que o mercado, continuamente, comete.

  Outro fator importantíssimo é o índice de competitividade por bandeira/*cluster*/item/fornecedor. Nossos algoritmos sugerem e nos apontam os *gaps* e os *outliers* para os devidos ajustes, para rentabilizar ao máximo nossos clientes.

  Para finalizar, ficamos à disposição para agregar os interessados no tema e navegarmos no universo tão cativante da precificação competitiva.

  Visite-nos em: http://www.pesquiseja.com.br.

  *Fernando Menezes é fundador e CEO da empresa Pesquisa Já

10. CONCLUSÃO: E A PARTIR DE AGORA?

Nossa ideia principal foi reforçar que os tempos são outros, os clientes são outros, suas expectativas, desejos e necessidades mudaram completamente de 15 anos para cá (com a chegada do *smartphone* e a grande evolução da internet). A partir daí, temos novas arquiteturas e formatos de concorrência. Surge um novo consumidor, mais poderoso, informado e multitarefas.

Tivemos, em 2020, um ano com muitos desafios e mudanças ainda mais relevantes, muitas delas definitivas e que aceleram ainda mais este novo contexto; já vínhamos numa pegada forte de transformação, mas, de maneira definitiva, o modelo de gestão e precificação necessita acompanhar este mundo cada vez mais V.U.C.A., em que, definitivamente, deixa de fazer qualquer sentido pressupor que conseguiríamos manter uma precificação baseada simplesmente no velho **custo + margem + despesas = preço de venda.**

Entender que somente isso já seria o suficiente hoje em dia estaria muito próximo à célebre frase de Henry Ford ao se referir que o cliente podia ter o carro da cor que quisesse, desde que fosse preto. Diante de tantas mudanças que vinham ocorrendo e de um cenário completamente novo e desafiador, não há qualquer possibilidade futura de sobrevivência sem a evolução de suas **estratégias de precificação**.

Reforçamos, aqui, mais uma vez, a característica predominante do preço dentre os 4 Ps do Marketing em relação a seu dinamismo, mais necessário do que nunca.

A expressão do momento é **ser relevante**, é isso não é uma moda: hoje em dia, é uma necessidade. Dentre os pontos de contato com a marca, o preço é, sem dúvida, um dos mais relevantes, fator decisivo e preponderante na decisão de compra, devendo, cada vez mais, ser tratado com tal dimensão e relevância. A atividade de precificar há muito tempo já não pode ser renegada e realizada dessa forma simplista como era muitos anos atrás, pelo menos não se quiser ter algum resultado, e muito em breve não será possível qualquer precificação sem o mínimo de estratégia, se quiser sobreviver.

Esperamos ter contribuído, sobretudo, para uma **mudança de mindset** e que você possa, a partir daqui, abrir novos horizontes para **precificação e rentabilidade**, abrir a mentalidade para o novo, que já não é mais tão novo assim, partindo de **estratégias com foco centrado no consumidor**, com posicionamento claro e bem definido, **agregando valor** ao seu produto ou serviço.

Mindset significa "configurar a mente". Com este termo, referimo-nos a características da mente humana, pensamentos, comportamentos e atitudes. A mudança de *mindset* é um dos segredos para alcançar as metas e aumentar o desempenho de seu negócio. Assim como a inteligência e nosso mindset não são fixos e podem ser aumentados (a dica do livro abaixo ajudará a entender muito a respeito), gostaria muito que você tivesse a mesma mentalidade em relação à precificação. O pensamento comum é de que quanto mais baixamos os preços, mais vamos vender; que aumentar o preço e ganhar mais dinheiro mantendo o mesmo volume de vendas e a fidelidade do cliente é difícil, se não impossível. Já lhe dei mais de 30 motivos/estratégias mostrando o contrário. Agora, **mude seu mindset**[1], comece a ganhar mais dinheiro e ter melhor saúde financeira para seu negócio. Você já tem o **método**, agora é só **prática** e **treinamento**.

---

1   Disponível em: <https://www.youtube.com/watch?v=VqipaMrttps>. Acesso em: 21 fev. 2021.

Dica: livro *Mindset*: a nova psicologia do sucesso.

Abra o seu leitor de QRCode e aponte para a imagem acima

Há alguns anos, o futuro da precificação era o preço dinâmico, mas o futuro já começa a ficar para trás: além de **dinâmico**, cada vez mais o preço terá que ser **personalizado**. Por isso, todas essas técnicas serão fundamentais. Você vai precisar de estratégia, métodos e tecnologia. Não tem como fugir disso. Teremos um desafio cada vez maior em **entregar um preço atrativo** ao consumidor, e não somente isso, ao mesmo tempo garantindo **competitividade e rentabilidade**, porque, afinal de contas, se fosse só o preço atrativo seria fácil, baixar o preço é a coisa mais simples (claro, negociando bem), mas fechar essa conta vai ser um desafio bem mais complicado. Ou melhor, agora já não mais. **Estratégias** você já tem bastante.

Todos querem o sucesso, mas a grande maioria não está disposta a pagar o preço. Já ficou bem claro o quanto a **precificação estratégica** será cada vez mais algo essencial. Poucas pessoas e negócios, infelizmente – ou felizmente, para o seu caso – estão percebendo e atuando a respeito. Infelizmente porque muitos sonhos, projetos e negócios serão interrompidos – e isso nunca é bom. Felizmente porque, embora o nível de concorrência e competitividade seja acirrado, você já estará mais preparado e estrategicamente à frente de 90% de seus concorrentes. Só não pare por aqui, **ponha em prática tudo o que aprendeu**.

Sucesso sempre, vamos juntos!!

Este livro é composto pela família de fontes Futura PT e foi impresso em junho de 2021 pela Gráfica Docuprint

Este livro faz parte da coleção

Composta pelos títulos:

- **Gestão de Pricing**
  Precificação Estratégica e Rentabilidade
  Leandro de Oliveira

- A Estratégia do Varejo sob a Ótica do Capitalismo Consciente
  Hugo Bethlem

- Os rumos do Varejo no século XXI
  Pandemia e Transformação
  Irineu Fernandes

- Varejo Conectado
  Decisões Orientadas por Dados
  Fátima Merlin

- Pense Grande - Pense Pessoas
  Gestão de Pessoas: O Superpoder da Liderança
  Cidinha Fonseca

- O CRM no Contexto da Ciência do Consumo
  Fernando Gibotti

- Sua Gôndola Estica?
  Gerenciamento de Espaços e Processo de Planogramação
  Raphael Figueira Costa

- Jornada *Omnishopper*
  Daniele Motta